中国金属资源关键性评价研究报告

中国科学院过程工程研究所
北京资源强制回收环保产业技术创新战略联盟　编著
资源与环境安全战略研究中心

科学技术文献出版社
SCIENTIFIC AND TECHNICAL DOCUMENTATION PRESS

·北京·

图书在版编目（CIP）数据

中国金属资源关键性评价研究报告 / 中国科学院过程工程研究所, 北京资源强制回收环保产业技术创新战略联盟, 资源与环境安全战略研究中心编著. —北京：科学技术文献出版社，2021.12

ISBN 978-7-5189-7656-0

Ⅰ. ①中⋯　Ⅱ. ①中⋯　②北⋯　③资⋯　Ⅲ. ①金属矿物 — 矿产资源 — 资源评价—研究报告—中国　Ⅳ. ① F426.1

中国版本图书馆 CIP 数据核字（2021）第 031195 号

中国金属资源关键性评价研究报告

策划编辑：孙江莉　　责任编辑：李　鑫　　责任校对：王瑞瑞　　责任出版：张志平

出　版　者	科学技术文献出版社	
地　　　址	北京市复兴路15号　　邮编 100038	
编　务　部	(010) 58882938, 58882087（传真）	
发　行　部	(010) 58882868, 58882870（传真）	
邮　购　部	(010) 58882873	
官 方 网 址	www.stdp.com.cn	
发　行　者	科学技术文献出版社发行　全国各地新华书店经销	
印　刷　者	北京九州迅驰传媒文化有限公司	
版　　　次	2021 年 12 月第 1 版　2021 年 12 月第 1 次印刷	
开　　　本	710×1000　1/16	
字　　　数	157千	
印　　　张	10　彩插8面	
书　　　号	ISBN 978-7-5189-7656-0	
定　　　价	68.00元	

前　言

金属（矿产）资源是经济社会发展的基石，是我国制造业健康稳定发展的根本保障。《全国矿产资源规划（2016—2020 年）》明确指出：需要保障资源安全供给与加快矿业转型升级与绿色发展，进一步落实国家资源安全战略、加强和改善矿产资源宏观管理。2021 年 11 月中央政治局会议在审议国家安全战略时提出，确保能源矿产安全，意味着矿产安全和能源安全并列，矿产安全上升到国家战略。我国是矿产资源大国，累计已有 162 种探明储量，具有完备的勘—采—选—冶—材的资源加工与利用体系。自 2008 年以来，我国采矿业固定资产投资累计超过 9 万亿元，已经成为我国国民经济的重要支柱。尤其是近年来，我国加强加快国际合作，已经与 100 多个国家和地区建立矿业合作关系，与 80 多个国家和地区合作开展能源资源勘查开发，对全球相关行业发展起到了显著的带动作用。

我国的矿产资源尤其是金属矿产资源，普遍具有共伴生、品位低等特点，人均储量仅为世界平均水平的 58%，大部分金属资源显著依赖进口，如智利铜储量占全球总储量的 29.8%，刚果（金）、澳大利亚、古巴钴储量占全球总储量的 83%，澳大利亚镍储量占全球总储量的 25.7%，玻利维亚、智利锂储量占全球总储量的 41.5%。随着我国经济发展模式向高质量方向转变，传统以高资源消耗为代价的经济增长将被逐渐替代；然而我国资源基础相对薄弱，当前我国仍处于工业化中期阶段，资源需求总量仍将维持高位，同时作为全球制造业大国，资源供给将是我国长期面临的重大问题。保障支柱性金属资源，如铁矿石、铜、铝等的安全供给，保持优势金属资源，如稀土、钨、钼等的市场地位，强化现有金属资源利用过程的清洁生产与全产业链污染控制，推进能源金属、电子金属资源等的循环利用，分类分级实现金属资源的高效率宏观管理，对保障我国国民经济及战略性新兴产业的可持续发展至关重要。另外，随着新冠肺炎疫情的持续，全球经济、社会等不确定性继续加大，已经对资源行业产生了明显影响，如南非的矿物开采只能实现 50% 左右的产能，铂族金属出口在 2020 年 4 月下降了 62%；刚果（金）、智利、秘鲁等非洲、南美洲国家的采矿也受到了巨大影响，加上明显降低的物流速度，资源供给与产品出口在较长一段时间将处于受限状态。全球新的产业政策也会带来资源供需结构变革，如2020年3月欧盟发布了以"绿色低碳"为主题的新循环经济行动计划，以及我国延长新能源汽车补贴政策等。可以预见未来资源结构与经济发展模式将出现更多的分化和多样性。我国正处于工业化进程中，能源需求将继续增长。在我国加快构建以国内大循环为主体、国内国际双循环相互促进的新发展格局之时，更应坚持系统观念，统筹发展和安全，统筹国内与国际，提高能源矿产自主供应能力和供应链、产业链韧性，以及能源全球化配置能力和海外利益安全保护。

在此背景下，系统梳理我国金属资源全球地位，建立我国金属资源关键性评价方法，构建资源与环境安全数据库，对支撑我国经济社会可持续发展具有重要意义。

本书由中国科学院过程工程研究所、北京资源强制回收环保产业技术创新战略联盟、资源与环境安全战略研究中心3家单位共同编写，其中中国科学院过程工程研究所承担主要编写任务。中国科学院过程工程研究所长期聚焦关键金属一次资源综合利用、二次资源短程循环及高端产品制造领域，对金属资源加工利用产业链、供应链的稳定起着举足轻重的作用。

本书共6章，具体内容如下：

第一章全面梳理全球及我国矿产资源储量及分布情况、消费现状及对外依存形势，描绘出我国关键资源在目前供需平衡状态下具体的物流组成图。

第二章基于我国特有国情建立一套系统集成的综合量化评价方法，对大部分金属资源进行3个层面、7个维度的系统评估。

第三章通过详细阐述、深入分析我国金属资源关键性评价结果，整理出金属资源的消费结构，明晰相关行业涉及的关键金属种类，并提供终端用途中可替代的金属资源，全面评估每种关键金属对我国国民经济行业的整体贡献。最后梳理出我国关键金属资源清单，进一步评估关键金属资源海外投资等级，为投资者提供量化评价的可靠建议。

第四章系统汇总、解析我国及国外主要发达国家为保障资源安全颁布的相关政策。

第五章针对本书中金属资源关键性评价方法体系提出未来进一步升级优化的发展要求。

第六章为本书附录，详细列出了书中计算方法涉及的具体数据和结果，以及资源安全相关法律法规，为本书提供全面的数据支撑和法律支撑。

总之，本书中建立的评价方法和梳理的关键金属资源清单对于我国未来兼顾经济建设和生态文明的发展模式、积极应对国际矿业局势、缓解潜在的资源供给风险、布局新兴战略技术产业、提升优势矿产资源的国际战略地位具有重要意义。书中部分内容发表在 *iScience* 上。

目　录

第一章　金属资源安全现状分析及研究意义

1.1　金属资源储量及分布情况

1.1.1　全球金属矿产资源储量及分布

1.1.1.1　全球黑色金属资源储量及分布

黑色金属矿产主要包括铁、锰、铬、钒、钛 5 种。下面分别介绍这 5 种黑色金属矿产在全球的储量及分布情况。

（1）铁

铁是钢铁工业的基本原料，铁矿资源是钢铁工业的粮食和发展钢铁工业的物质基础。铁主要来源于铁矿石。当前钢铁工业铁矿石矿物原料主要有磁铁矿、镜铁矿、褐铁矿、赤铁矿、菱铁矿、针铁矿。

世界铁矿石资源极为丰富，据估计，全球铁矿石原矿资源超过 8000 亿 t，其中含铁超过 2300 亿 t。据美国地质调查局统计，2020 年已探明全球铁矿石储量为 1755 亿 t，其中含铁 835.4 亿 t。目前，每年铁矿石产量约为 25 亿 t，按现有产量，世界铁矿石可供开采至约 2090 年。铁矿资源分布广泛，但地理分布却很不平衡。俄罗斯、澳大利亚、巴西、加拿大、美国、印度和南非等国共占有铁金属储量的 84%，而其中的 74% 集中在前 3 个国家（表 1.1）。

表 1.1　2020 年全球铁矿石储量区域分布

排名	国家	铁矿石储量（亿 t）	含铁量储量（亿 t）
1	美国	30	10
2	澳大利亚	500	240
3	巴西	340	150

排名	国家	铁矿石储量（亿 t）	含铁量储量（亿 t）
4	加拿大	60	23
5	中国	200	69
6	印度	55	34
7	伊朗	27	15
8	哈萨克斯坦	25	9
9	秘鲁	/	15
10	俄罗斯	250	140
11	南非	10	6.4
12	瑞士	13	6
13	乌克兰	65	23
14	其他	180	95
合计		1755	835.4

世界钢铁协会预测，2020 年全球钢铁需求量将萎缩 2.4%，下降至 17.25 亿 t。2021 年，全球钢铁需求量预计将恢复至 17.95 亿 t，同比增长 4.1%。由于中国的强劲复苏，今年全球钢铁需求量的下降幅度将有所减少。

（2）锰

全球每年生产的锰，约 90% 用于钢铁工业，约 10% 用于有色冶金、化工、电子、电池、农业等部门。锰主要来源于锰矿石，产品有氧化物、氢氧化物、硫化物、碳酸盐、硅酸盐和硼酸盐。

据估计，全球锰矿石原矿资源超过 52 亿 t。据美国地质调查局统计，2020 年已探明全球锰储量为 13 亿 t。目前，每年锰的产量约为 1900 万 t，按现有产量，世界锰矿石可供开采至约 2063 年。已探明的全球锰矿资源主要分布在南非、乌克兰、澳大利亚、印度、巴西、中国等国，其中南非约占全球已探明锰矿资源的 74%，乌克兰约占 10%（表 1.2）。

表 1.2　2020 年全球锰矿石储量区域分布

排名	国家	储量（万 t）	世界占比
1	澳大利亚	23 000	17.30%
2	巴西	27 000	20.30%
3	加蓬	6100	4.60%
4	中国	5400	4.10%
5	南非	52 000	39.00%
6	印度	3400	2.55%
7	乌克兰	14 000	10.50%
8	加纳	1300	0.98%
9	墨西哥	500	0.38%
10	哈萨克斯坦	500	0.37%
	合计	133 200	100.00%

（3）铬

由于铬具有质硬而脆、耐腐蚀等优良特性，因此，被广泛应用于冶金、化工、铸铁、耐火及高精端科技等领域，是重要的战略物资之一。铬来源于铬矿物冶炼，具有工业价值的铬矿物属于铬尖晶石，常见矿物包括铬铁矿、铝铬铁矿、硬铬尖晶石。

世界铬铁矿资源极为丰富，据估计，全球铬铁矿资源储量超过 120 亿 t，足以满足几个世纪的需求。据美国地质调查局统计，2020 年已探明全球铬资源储量约为 5.7 亿 t。目前每年铬的产量约为 4400 万 t。全世界的铬资源在地理上高度集中，95% 的铬铁矿分布在哈萨克斯坦和南非（表 1.3）。

表 1.3　2020 年全球铬矿石储量区域分布

排名	国家	储量（万 t）	世界占比
1	哈萨克斯坦	23 000	40.40%
2	南非	20 000	35.10%
3	印度	10 000	17.60%
4	芬兰	1300	2.30%
5	土耳其	2600	4.60%
	合计	56 900	100.00%

中国是主要的铬消费国，也是主要的不锈钢和铬铁生产国。南非是世界第二大铬铁生产国。铬铁生产需要大量电能，因此，南非电力供应紧张和电力成本上升都可能影响铬铁生产。

（4）钒

世界上90%的钒用于冶金合金钢，其他用途仅占10%。由于钒在自然界分散，无法形成单独的钒矿床，通常以类质同象的形式存在，化合物包括氧化物、钒酸盐、卤化物、硫化物、碳化物、氮化物和硅化物。含钒矿物分为高钒矿物和低钒矿物两类，前者含钒20%～30%，有绿硫钒矿、钒钾铀矿、钒云母；后者主要为钒钛磁铁矿，含钒很低，为0.1%～0.2%，但因其储量巨大而成为生产钒的主要矿物资源。

世界钒资源储量充足，据估计，全球钒金属资源储量为3800万t。据美国地质调查局统计，2020年已探明全球钒金属储量约为2200万t。目前，每年钒的产量约为7.3万t，按现有产量，世界钒资源可供长期持续开采。钒资源主要分布在俄罗斯、中国、南非和美国（表1.4）。

表1.4　2020年全球钒矿储量区域分布

排名	国家	储量（万t）	世界占比
1	中国	9500	42.90%
2	俄罗斯	5000	22.60%
3	澳大利亚	4000	18.50%
4	南非	3500	15.80%
5	巴西	120	0.50%
6	美国	45	0.20%
	合计	22 165	100.00%

（5）钛

钛及其氧化物、合金产品是重要的涂料、新型结构材料、防腐材料，也是重要的战略金属。地壳中含钛在1%的矿物有81种，主要利用的有钛铁矿、金红石和钛磁铁矿，其中钛铁矿占世界钛矿消费的89%。

据估计，全球钛矿石资源总储量超过20亿t。据美国地质调查局统计，2020年已探明全球钛铁矿储量为7.7亿t，金红石储量为4700万t。目前每年二氧化钛产量约为760万t。世界钛资源主要分布在澳大利亚、南非、印度、乌克兰、塞拉利昂和巴西。澳大利亚是全球金红石砂矿最大的资源国。全球海绵钛产能为34万t主要由中国、日本、俄罗斯生产（表1.5）。

表1.5 2020年全球海绵钛生产产能

排名	国家	海绵钛产能（万t）	世界占比
1	中国	15.8	46.50%
2	日本	6.88	20.20%
3	俄罗斯	4.65	13.70%
4	哈萨克斯坦	2.6	7.60%
5	美国	1.31	3.80%
6	沙特阿拉伯	1.56	4.60%
7	乌克兰	1.2	3.50%
	合计	34.0	100.00%

1.1.1.2 全球有色金属资源储量及分布

（1）铜

铜具有较优良的导电性、导热性、延展性、耐腐蚀性、耐磨性，被广泛地应用于电力、电子、能源及石化、机械及冶金、交通、轻工、新兴产业等领域。世界铜资源储量超过500万t的超大型铜矿有50多处，目前发现和探明的主要矿床类型和占比：斑岩型占总储量的55.3%，砂岩型占29.2%，黄铁矿型占8.8%，铜镍硫化物型占3.1%，合计占总储量的96.74%。

据估计，全球铜资源总储量超过10亿t。据美国地质调查局统计，2019年已探明全球铜资源储量为8.7亿t。目前，每年精炼铜消费量为2000万t。世界铜资源主要分布在智利、美国、印度尼西亚、秘鲁、波兰、墨西哥、中国等国。

（2）铝

铝质轻、耐腐蚀性强，因此，铝及铝合金广泛应用于建筑、电子通信、电力、交通等领域，其产量居世界有色金属产量之首。铝主要由铝土矿提取而来，世界铝土矿类型主要有沉积型、堆积型和红土型，其中红土型约占86%。

世界铝资源丰富，据估计，全球铝土矿资源在550亿~750亿t，足以满足未来很长一段时间内世界对金属铝的需求。据美国地质调查局统计，2020年已探明全球金属铝储量为 270 亿 t。目前，每年铝的消费量约为 6500 万 t。铝土矿资源主要分布在几内亚、澳大利亚、巴西、牙买加、印度和中国。

（3）铅

铅具有良好的延展性、抗腐蚀性，易与其他金属制成性能优良的合金。金属铅、铅合金和其化合物广泛应用于蓄电池、电缆护套、机械制造业、船舶制造、轻工、氧化铅、射线防护等行业。自然界中单独的铅矿床很少见，都与锌共生形成铅锌共生矿床。世界铅锌矿超过 500 万 t 的超大型矿床有 40 多处。

据估计，全球铅资源储量为 1.7 亿 t。据美国地质调查局、2020 年已探明全球铅金属储量为 9000 万 t。目前，每年铅的消费量约为 450 万 t。铅锌矿资源主要分布在澳大利亚、中国、美国、哈萨克斯坦和加拿大。

（4）锌

锌具有良好的压延性、耐磨性、抗腐蚀性、铸造性，且具有很好的常温机械性，能与多种金属制成性能优良的合金，主要以镀锌、锌基合金、氧化锌的形式广泛应用于汽车、建筑、家用电器、船舶、轻工、机械、电池等行业。锌主要来源于铅锌矿，主要类型为喷气沉积型、密西西比河谷型、砂页岩型、黄铁矿型，占世界总储量的 85%。世界铅锌矿超过 500 万 t 的超大型矿床有近 40 处。

据估计，全球锌资源储量为 19 亿 t。据美国地质调查局统计，2019 年已探明全球金属锌储量为 2.5 亿 t。目前，每年锌的消费量约为 1300 万 t。铅锌矿资源主要分布在澳大利亚、中国、美国、哈萨克斯坦和加拿大。

（5）镁

镁及镁合金具有良好的轻量性、切削性、耐蚀性、减震性、尺寸稳定性和耐冲击性，这些特性使得镁及镁合金广泛应用在交通运输、电子工业、医疗、军事工业等领域。镁金属主要由菱镁矿提取而来。

据估计，全球菱镁矿储量为 47 亿 t。据美国地质调查局统计，2019 年已探明全球菱镁矿储量为 28 亿 t。目前，每年镁的消费量约为 110 万 t。菱镁矿资源主要分布在中国、俄罗斯、朝鲜、澳大利亚和土耳其等国。

（6）锂

锂广泛应用于电池、陶瓷、玻璃、润滑剂、制冷液、核工业及光电等行业。随着电脑、数码相机、手机、移动电动工具等电子产品的不断发展，电池行业已经成为锂最大的消费领域。含锂的矿物有 150 多种，主要矿物有锂辉石、锂云母、锂磷铝石、铁锂云母。

世界锂资源十分丰富，据美国地质调查局统计，2020 年已探明全球锂资源储量为 1700 万 t。2019 年锂金属的消费量约为 7.7 万 t。锂金属资源主要分布在智利、中国、巴西、加拿大、澳大利亚、美国和津巴布韦（表 1.6）。

表 1.6 2020 年全球锂矿（碳酸锂）储量主要分布国家

排名	国家	储量（万 t）	世界占比
1	智利	5267	41.06%
2	澳大利亚	1839	14.34%
3	阿根廷	1693	13.20%
4	中国	810	6.31%
5	美国	570	4.44%
6	加拿大	369	2.88%
7	刚果（金）	363	2.83%
8	津巴布韦	243	1.89%
9	墨西哥	173	1.35%
10	西班牙	79	0.62%
11	其他	1422	11.09%
	合计	12 828	100.00%

（7）镍

镍具有很好的可塑性、耐腐蚀性和磁性等性能，因此，主要被用于钢铁、镍基合金、电镀及电池等领域，广泛用于飞机、雷达等各种军工制造业、民用机械制造业和电镀工业等。镍金属从镍矿床中提取而来，其中 60% 的镍矿为红土型，40% 的为岩浆型。

据估计，全球镍矿金属储量为 1.5 亿 t。据美国地质调查局统计，2020 年已探明全球金属镍矿储量约为 9000 万 t。目前，每年镍的消费量约为 270 万 t。红土镍矿资源主要分布在古巴、新喀里多尼亚、印度尼西亚、菲律宾、巴西、哥伦比亚、多米尼加，岩浆型铜镍硫化物矿主要分布在加拿大、俄罗斯、澳大利亚、中国、南非、津巴布韦和博茨瓦纳（表 1.7）。

表1.7 2020年全球镍储量主要分布国家

排名	国家	储量（万t）	世界占比
1	印度尼西亚	2875	41.06%
2	澳大利亚	1265	14.34%
3	俄罗斯	770	13.20%
4	古巴	647	6.31%
5	巴西	567	4.44%
6	加拿大	542	2.88%
7	菲律宾	472	2.83%
8	新喀里多尼亚	409	1.89%
9	中国	398	1.35%
10	南非	154	0.62%
11	危地马拉	98	11.09%
12	多米尼亚	93	1.03%
13	马达加斯加	79	0.87%
14	其他	694	7.66%
	合计	9063	100.00%

（8）汞

金属汞及其化合物被广泛应用于化学、医药、冶金、电器仪器、军事及其他精密高新科技领域。汞主要来源于汞矿床。

据估计，全球汞矿储量为24万t。据美国地质调查局统计，2019年已探明全球金属汞储量为13万t。目前，每年汞的消费量约为4000t。汞矿资源主要分布在西班牙、意大利、俄罗斯和墨西哥。

（9）锡

锡具有质地柔软、熔点低、展性强、塑性强和无毒等优良特性，主要用于制造焊锡、镀锡板、合金、化工制品等，被广泛应用于电子、信息、电器、化工、冶金、建材、机械、食品包装、原子能及航天工业。锡由锡矿提取而来，锡矿分为原生锡矿和砂锡矿。

据估计，全球锡储量为1100万t。据美国地质调查局统计，2019年已探明全球金属锡储量为 560 万 t。目前，每年钴的消费量约为 14 万 t。锡矿资源主要分布在中国、巴西、马来西亚、印度尼西亚、玻利维亚、秘鲁、俄罗斯和澳大利亚。

（10）钴

钴消费与应用的传统领域主要有电池材料、超级耐热合金、工具钢、硬质合金、磁性材料；以化合物形式消费的钴主要用作催化剂、干燥剂、试剂、颜料与染料等。自然界中几乎没有钴的独立矿床，主要伴生于其他矿床中。

据估计，全球钴储量为 1300 万 t。据美国地质调查局统计，2019 年已探明全球钴金属储量为 700 万 t。目前，每年钴的消费量约为 14 万 t。伴生在红土镍矿中的钴资源主要分布在古巴、新喀里多尼亚、菲律宾，伴生在岩浆型铜镍硫化物矿中的钴资源主要分布在加拿大、俄罗斯、澳大利亚，伴生在砂岩型铜矿中的钴资源主要分布在刚果（金）和赞比亚（表 1.8）。

表 1.8　2020 年全球钴矿储量主要分布国家

排名	国家	储量（万 t）	世界占比
1	刚果（金）	297	44.46%
2	印度尼西亚	107	16.02%
3	澳大利亚	65	9.73%
4	古巴	25	3.74%
5	加拿大	19	2.84%
6	喀麦隆	18	2.69%
7	中国	13	1.95%
8	新喀里多尼亚	12	1.80%
9	菲律宾	10	1.50%
10	马达加斯加	10	1.50%
11	其他	92	13.77%
	合计	668	100.00%

（11）钨

钨的熔点是所有金属元素中最高的，密度高、硬度大，具有良好的导电性和导热性，膨胀系数小，被广泛应用于合金、电子、化工等领域，其中硬质合金是钨的最大消费领域。钨主要由钨矿中提取而来，包括白钨矿和黑钨矿。

据估计，全球钨矿储量为 630 万 t。据美国地质调查局统计，2019 年已探明全球钨金属储量为 320 万 t。目前，每年钨的消费量约为 8.5 万 t。钨矿资源主要分布在中国、俄罗斯、美国和玻利维亚。

（12）铋

铋具有比重大、熔点低、凝固时体积冷胀热缩等优良特性，广泛应用于冶金、化工、电子、宇航、医药等领域。铋很少单独成矿，一般都与铅、锌、铜、钼、钴、金、锡、银、钨等伴生，中国铋金属产品大部分来源于钨矿副产品，澳大利亚铋产品主要来自铅锌矿和铜矿，墨西哥的主要来自铅和铜矿，加拿大的主要来自钼、铅锌和铜矿石，美国的主要来自铅锌银矿石，玻利维亚的主要来自铜和锡砂石。

全球范围内铋矿储量目前尚无公开数据。铋矿资源主要分布在中国、澳大利亚、秘鲁、墨西哥、日本和美国。目前，每年铋的消费量约为 1.9 万 t。

（13）钼

钼可提高合金钢的强度和韧性、耐磨性，大部分应用于钢铁工业。其次是应用于化工、电气、电子技术、医药和农业领域。钼金属主要来自斑岩型钼矿和斑岩型铜矿的副产品，前者占 40%，后者占 60%。

据估计，全球钼矿储量为 1900 万 t。据美国地质调查局统计，2019 年已探明全球钼金属储量为 1800 万 t。目前，每年钼的消费量约为 29 万 t。钼矿资源主要分布在中国、美国、加拿大、智利和俄罗斯。

（14）锑

锑现被广泛用于生产各种阻燃剂、合金、陶瓷、玻璃、颜料、半导体元件、医药及化工等领域。全球主要的锑矿是热液层状锑矿床和脉型矿床，分别占锑储量的 50% 和 40%。

据估计，全球锑矿储量为 430 万 t。据美国地质调查局统计，2020 年已探明全球锑金属储量为 15 万 t。目前，每年锑的消费量约为 15 万 t。锑矿资源主要分布在中国、俄罗斯、泰国、玻利维亚、美国、塔吉克斯坦和南非。

（15）金

金由于其稀少和珍贵，主要用作国际储备、珠宝装饰，且具有抗腐蚀性、导电性和导热性，也应用于工业与科技领域。金主要来源于金矿及其他金属矿床中伴生提取而来。

据估计，全球黄金储量为 10 万 t。据美国地质调查局统计，2019 年已探明全球黄金储量为 5 万 t。目前，每年金的消费量约为 3300 t。金矿资源主要分布在南非、俄罗斯、澳大利亚、美国、印度尼西亚、秘鲁、加拿大和中国。其中南非占世界总储量的 50%。

（16）银

金属银主要用途是饰品和投资。其具有良好的导电性，也具有工业和医学用途。全球 2/3 的银资源是与铜、铅、锌、金等有色金属和贵金属矿床伴生，1/3 的为独立矿床。

据估计，全球银储量为 57 万 t。据美国地质调查局统计，2019 年已探明全球银储量为 56 万 t。目前，每年银的消费量约为 2.7 万 t。银矿资源 80% 以上主要分布在波兰、中国、美国、墨西哥、秘鲁、澳大利亚和智利。

（17）铂族金属

铂族金属指的是铂、钯、铑、铱、钌、锇 6 种金属。贵金属具有体积小、价值高、化学性质稳定、质量与外形不易变化等优点，主要用途为首饰和器皿、货币和现代工业原材料。其主要从贵金属矿床中提取而来，含铜镍铂硫化物矿床是世界铂族金属储量和资源的主要来源。

据估计，全球铂族金属储量为 8 万 t。据美国地质调查局统计，2019 年已探明全球铂族金属储量为 6.9 万 t。目前，每年铂金属的消费量约为 180 t，钯金属的消费量为 210 t。铂族金属资源主要分布在南非、俄罗斯、美国和加拿大。其中 90% 的储于南非的布什维尔德杂岩体中。

（18）铌、钽

世界 85% ~90% 的铌以铌铁形式用于钢铁生产，钢中加入铌可提高钢的强度、韧性、抗高温氧化性和耐蚀性，降低钢脆性转变温度，使钢具有良好的焊接性能和成型性能。铌的化合物和合金具有较高的超导转变温度，因而被广泛用于制造各种工业超导体。高纯铌主要应用在航空航天工业领域。钽具有熔点高、蒸汽压低、冷加工性能好、化学稳定性高、抗液态金属腐蚀能力强、表面氧化膜介电常数大等一系列优异性能。因此，钽在电子、冶金、钢铁、化工、硬质合金、原子能、超导技术、汽车电子、航空航天、医疗卫生和科学研究等高新技术领域有重要应用。世界十分丰富的铌矿床中，伴生大量的钽资源。

据美国地质调查局统计，2019 年已探明全球铌金属储量超过 1300 万 t，铌矿金属资源主要分布在巴西、加拿大和尼日利亚。已探明全球金属钽储量超过 9 万 t，主要分布在泰国、澳大利亚、尼日利亚、刚果（金）、加拿大和巴西。目前，每年金属铌的消费量约为 7.4 万 t，金属钽的消费量为 1800 t。

（19）铍

铍及其产品主要是金属铍、铍合金、氧化铍和某些铍化合物，其应用范围主要集中在核工业、武器系统、航空航天工业、X 射线仪表、电子信息系统、汽车行业、家用电器等领域。花岗伟晶岩型铍矿床是铍的主要来源，占铍总量的 82.3%，其余聚集在接触交代型铍矿床（7.4%）、火山热液型铍矿床（5.9%）、云英岩型铍矿床及石英脉型铍矿床（4.4%）。

据美国地质调查局统计，2019 年已探明全球铍矿资源储量为 44.1 万 t。目前，每年金属铍的消费量约为 260 t。金属铍资源主要分布在巴西、印度、俄罗斯、中国、阿根廷和美国。

（20）锆

金属锆及化合物用于压电陶瓷制品、日用陶瓷、耐火材料及贵重金属熔炼用的锆砖、锆管等。锆由含锆矿物提取而来，主要有锆石、铪锆石、异性矿和斜锆石。95% 以上的锆精矿都来自砂矿床。

据估计，全球锆金属储量为 5800 万 t。据美国地质调查局统计，2019 年已探明全球锆资源储量为 6.2 万 t。2019 年金属锆的消费量约为 1400 t。锆金属资源主要分布在澳大利亚、南非、美国和印度。

（21）锗

锗是重要的半导体材料，在半导体、航空航天测控、核物理探测、光纤通信、红外光学、太阳能电池、化学催化剂、生物医学等领域都有广泛而重要的应用。锗是典型的稀散元素，主要赋存在其他矿床中，如煤矿床和多金属矿床中。

全球范围内锗矿储量目前尚无公开数据。锗矿资源主要分布在中国、比利时、德国和俄罗斯等。2019 年金属锗的消费量约为 130 t。

（22）铟

铟具有延展性好、可塑性强、熔点低、沸点高、低电阻、抗腐蚀等优良特性，且具有较好的光渗透性和导电性，被广泛应用于宇航、无线电和电子工业、医疗、国防、高新技术、能源等领域。铟很少有独立矿床，主要伴生在其他矿床中，主要有锡石-硫化物矿床、铅锌矿床、黄铜矿。

据估计，全球铟资源储量为 11 000 t。主要分布于中国、秘鲁、美国、加拿大、俄罗斯等国家，中国铟资源储量为 8000 t；秘鲁铟资源储量为 360 t；美国铟资源储量为 280 t；加拿大铟资源储量为 150 t；俄罗斯铟资源储量为

80 t。中国铟资源储量占全球铟资源储量的 72.70%。2019 年金属铟的产量为 760 t。

（23）镓

目前，我国金属镓的消费领域包括半导体和光电材料、太阳能电池、合金、医疗器械、磁性材料等，其中半导体行业已成为镓最大的消费领域，约占总消费量的 80%。镓是分散元素，无独立矿床，主要伴生在铅锌矿床、闪锌矿、明矾石矿床和含镓铝土矿矿床。据估计，全球镓资源储量超过 100 万 t。世界铝土矿储量中伴生镓储量 10 万 t，闪锌矿中伴生镓 6500 t。2019 年金属镓的消费量约为 320 t。金属镓资源主要分布在中国、英国、德国和乌克兰等国。

（24）稀土元素

稀土是镧（La）、铈（Ce）、镨（Pr）、钕（Nd）、钷（Pm）、钐（Sm）、铕（Eu）、钆（Gd）、铽（Tb）、镝（Dy）、钬（Ho）、铒（Er）、铥（Tm）、镱（Yb）、镥（Lu）、钪（Sc）和钇（Y）共 17 种元素的统称。稀土元素被誉为"工业的维生素"，具有无法取代的优异的磁、光、电性能，对改善产品性能，增加产品品种，提高生产效率起到了巨大的作用，被广泛应用于冶金、军事、石油化工、玻璃陶瓷、农业和新材料等领域。稀土元素在自然界的存在形式主要为独立矿物、类质同相、离子状态。

全球稀土资源丰富，据估计，全球稀土资源储量为 1.5 亿 t。据美国地质调查局统计，2019 年已探明全球稀土资源储量为 1.2 亿 t。2019 年稀土金属的消费量约为 21 万 t。稀土金属资源主要分布在中国、俄罗斯、美国、澳大利亚、印度、巴西和马来西亚。

1.1.2　中国金属矿产资源储量及分布

1.1.2.1　中国黑色金属资源储量及分布

黑色金属矿产主要包括铁、锰、铬、钒、钛 5 种。以下分别介绍这 5 种黑色金属矿产在中国的储量及分布情况。

（1）铁

中国是世界上第一钢铁大国，产量占世界 50% 以上。但中国的铁矿石却主要依靠进口，2019 年进口量占比达 55% 以上。目前已探明铁储量的矿区有 1834 处，总保有储量铁矿石 636 亿 t，居世界第 5 位。

从铁矿成因类型来看，主要为与铁质基性、超基性岩浆侵入活动有关的岩浆型铁矿床。

（2）锰

中国锰矿资源较多，分布广泛，在我国21个省（区）有产出；有探明储量的矿区213处，总保有储量矿石5.66亿t，居世界第3位。中国富锰矿较少，在保有储量中仅占6.4%。从地区分布看，以广西、湖南为最丰富，占全国总储量的55%。

从矿床成因类型来看，以沉积型锰矿为主，如广西下雷锰矿、贵州遵义锰矿、湖南湘潭锰矿、辽宁瓦房子锰矿、江西乐平锰矿等；其次为火山-沉积矿床，如新疆莫托沙拉铁锰矿床；受变质矿床，如四川虎牙锰矿等；热液改造锰矿床，如湖南玛瑙山锰矿；表生锰矿床，如广西钦州锰矿。

（3）铬

中国铬矿资源比较贫乏，按可满足需求的程度看，属短缺资源。总保有储量铬矿石1078万t，其中富矿占53.6%。铬矿产地有56处，分布于西藏、新疆、内蒙古、甘肃等13个省（区），其中西藏储量最多，保有储量约占全国的一半。

中国铬矿床是典型的与超基性岩有关的岩浆型矿床，绝大多数属蛇绿岩型，矿床赋存于蛇绿岩带中。西藏罗布莎铬矿和新疆萨尔托海铬矿等皆属此类。

（4）钒

目前，中国钒储量约950万t，占全球总储量的47%，居世界第1位。中国钒矿分布于19个省（市、区）。V_2O_5储量达百万吨以上的省（区）有四川（1281.9万t）、湖南（366.8万t）、安徽（235.8万t）、广西（203.1万t）、湖北（144.1万t）和甘肃（125.9万t），这6个省（区）储量共计2357.6万t，占全国V_2O_5储量的90.8%。

钒矿主要产于岩浆岩型钒钛磁铁矿床之中，作为伴生矿产出。钒矿作为独立矿床主要为寒武纪的黑色页岩型钒矿。

（5）钛

中国钛矿分布于10多个省（区）。钛矿主要为钒钛磁铁矿中的钛矿、金红石矿和钛铁矿砂矿等。钒钛磁铁矿中的钛主要产于四川攀枝花。金红石矿主要产于湖北、河南、山西等省。钛铁矿砂矿主要产于海南、云南、广东、广西等省（区）。钛铁矿的TiO_2保有储量为3.57亿t，居世界首位。

钛矿矿床类型主要为岩浆型钒钛磁铁矿，其次为砂矿。

1.1.2.2　中国有色金属资源储量及分布

(1) 铜

中国是世界上铜矿较多的国家之一。铜矿资源总保储量 11 250 万 t，居世界第 7 位。探明储量中富铜矿占 35%。铜矿分布广泛，除天津、香港外，包括上海、重庆、台湾在内的全国各省（市、区）皆有产出。已探明储量的矿区有 910 处。

从矿床类型来看，以斑岩型铜矿为最重要，如江西德兴特大型斑岩铜矿和西藏玉龙大型斑岩铜矿；其次为铜镍硫化物矿床（如甘肃白家嘴子铜镍矿）、夕卡岩型铜矿（如湖北铜绿山铜矿、安徽铜官山铜矿）、火山岩型铜矿（如甘肃白银厂铜矿等）、沉积岩中层状铜矿（如山西中条山铜矿、云南东川式铜矿）、陆相砂岩型铜矿（云南六苴铜矿）及少量热液脉状铜矿等。

(2) 铝

中国铝土矿资源丰度属中等水平，产地 310 处，分布于 19 个省（区）。总保有储量铝土矿 10 亿 t，居世界第 7 位。

铝土矿的矿床类型主要为古风化壳型矿床和红土型铝土矿床，以前者为最重要。古风化壳型铝土矿又可分贵州修文式、遵义式、广西平果式和河南新安式 4 个亚类。

(3) 铅

中国铅矿资源比较丰富，全国除上海、天津、香港外，均有铅矿产出。产地有 700 多处，保有铅资源总储量 1800 万 t，居世界第 2 位。从省际来看，云南铅储量占全国总储量的 17%，居全国首位。

从矿床类型来看，有与花岗岩有关的花岗岩型（广东连平）、夕卡岩型（湖南水口山）、斑岩型（云南姚安）矿床，有与海相火山有关的矿床（青海锡铁山），有产于陆相火山岩中的矿床（江西冷水坑和浙江五部铅锌矿），有产于海相碳酸盐（广东凡口）、泥岩–碎屑岩系中的铅锌矿（甘肃西成铅锌矿），有产于海相或陆相砂岩和砾岩中的铅锌矿（云南金顶）等。

(4) 锌

锌与铅通常伴生于铅锌矿中。中国铅锌矿资源比较丰富，全国除上海、天津、香港外，均有铅锌矿产出。全国总保有储量锌 4000 万 t，居世界第 2 位。矿床类型与上述铅矿基本相同。

（5）镁

中国是世界上菱镁矿资源最为丰富的国家。总保有储量镁 30 亿 t，居世界第 1 位。我国菱镁矿的重要特点是地区分布不广、储量相对集中，大型矿床多。探明储量的矿区有 27 处，分布于 9 个省（区），以辽宁菱镁矿储量最为丰富，占全国的 85.6%。

矿床类型以沉积变质 - 热液交代型为最重要，如辽宁海城、营口等地菱镁矿产地、山东莱州菱镁矿产地等；沉积型、热液脉型和基性 - 超基性岩型含量极低。

（6）镍

中国镍矿资源储量少，不能满足需要。总保有储量镍 784 万 t，居世界第 9 位。镍矿产地有近 100 处，分布于 18 个省（区）。

镍矿矿床类型主要为岩浆熔离矿床和风化壳硅酸盐镍矿床两个大类。后者以云南墨江镍矿为代表；前者又分岩浆就地熔离矿床与岩浆深部熔离贯入矿床两个亚类。甘肃白家嘴子镍矿即属岩浆深部熔离贯入矿床一类。

（7）钴

中国钴矿资源不多，独立钴矿床极少，主要作为伴生矿产与铁、镍、铜等其他矿产一道产出。已知钴矿产地 150 处，分布于 24 个省（区），以甘肃省储量最多，约占全国总储量的 30%。全国总保有储量钴 69 万 t。

矿床类型有岩浆型、热液型、沉积型、风化壳型 4 类。以岩浆型硫化铜镍钴矿和夕卡岩铁铜钴矿为主，占总储量的 65% 以上；其次为火山沉积与火山碎屑沉积型钴矿，约占总储量的 17%。

（8）锡

中国是世界上锡矿资源丰富的国家之一。探明矿产地 293 处，总保有储量锡 453 万 t，居世界第 2 位。矿产地分布于 15 个省（区），以广西、云南两省（区）储量最多，分别占全国总储量的 32.9% 和 31.4%，湖南、广东、内蒙古、江西次之，以上 6 个省（区）占全国总储量的 93%。

锡矿矿床类型主要有与花岗岩类有关的矿床、与中酸性火山 - 潜火山岩有关的矿床、与沉积再造变质作用有关的矿床和沉积 - 热液再造型矿床，其中以第一类矿床为最重要，云南个旧和广西大厂等世界级超大型锡矿皆属此类。这两个锡矿储量占全国锡总储量的 33%。

（9）钨

中国是世界上钨矿资源最丰富的国家。已探明的矿产地有 252 处，分布于 23 个省（区）。已探明钨矿储量 1072 万 t，居世界第 1 位。产量也居世界首位，是我国传统出口的矿产品。就省（区）来看，以湖南（白钨矿为主）、江西（黑钨矿为主）为多，储量分别占全国总储量的 33.8% 和 20.7%；河南、广西、福建、广东等省（区）次之。

在钨矿床类型方面以层控叠加矿床和壳源改造花岗岩型矿床为最重要；壳幔源同熔花岗（闪长）岩型矿床、层控再造型矿床和表生型钨矿床次之。

(10) 铋

中国的铋储量居世界首位，储量大约为 24 万 t，占世界总储量的 75%；储量基础约为 47 万 t，占世界的 69%。我国铋资源分布在 13 个省（区）。其中储量最多的是湖南、广东和江西，这 3 个省的储量占全国总储量的 85% 左右；云南、内蒙古、福建、广西和甘肃等省（区）也有分布。湖南郴州和赣南地区最为丰富，郴州已探明铋金属储量约占全国总储量的 73%，全球总储量的 50%。湖南省铋资源保有储量具有全球优势。我国目前已有铋矿 70 多处，铋金属储量在 1 万 t 以上的大中型矿区有 6 处，储量占全国总储量的 78%。其中 5 万 t 以上金属储量的大型矿区 2 处，储量占全国总储量的 66%。

(11) 钼

中国钼矿资源丰富，总保有钼矿储量 840 万 t。探明储量的矿区有 222 处，分布于 28 个省（市、区）。其中，河南省钼矿资源为最丰富，钼储量占全国总储量的 30.1%。

矿床类型以斑岩型钼矿和斑岩 – 夕卡岩型钼矿为最重要，前者如陕西金堆城、江西德兴，后者如河南南泥湖钼矿；夕卡岩型、碳酸盐脉、石英脉型次之；沉积型钼 – 铀 – 钒 – 镍矿床具有较大的潜在价值，伟晶岩脉型钼矿无独立的工业意义。

(12) 锑

中国是世界上锑矿资源最为丰富的国家。总保有储量 95 万 t，居世界第 1 位。已探明储量的矿区有 111 处，分布于全国 18 个省（区），以广西锑储量为最多，约占全国总储量的 41.3%；其次为湖南、云南、贵州、甘肃、广东等省（区）。

锑矿矿床类型有碳酸盐岩型、碎屑岩型、浅变质岩型、海相火山岩型、陆相火山岩型、岩浆期后型和外生堆积型 7 类，以碳酸盐岩型锑矿为主。

(13) 汞

我国汞矿目前保有储量在 8.14 万 t 以上，居世界第 3 位。我国汞矿资源较为丰富，现已探明有储量的矿区 103 处，主要分布在 12 个省（区）。汞资源主要分布在西南和西北地区，其中贵州最多，累积探明储量达 9 万 t 以上，占全国探明储量的 80% 以上。汞资源储量就地区来看，西南区占全国总储量的 56.9%；其次是西北区，占全国总储量的 28.4%；中南区，占全国总储量的 14.4%；其他地区则很少，仅占 0.3%。就各省（区）来看，贵州储量最多，占全国汞储量的 38%，其次为陕西占 20%、四川占 16%、广东占 6%、湖南占 6%、青海占 4%、甘肃占 4%、云南占 3%。以上 8 个省（区）合计储量占全国汞储量的 97%，其中居前 3 位的是贵州、陕西、四川，三省合计占 74%。

汞矿主要工业矿床可分为与岩浆作用关系不明显的低温热液汞矿床和与火山作用关系密切的浅成低温热液汞矿床。

(14) 金

中国金矿资源比较丰富。总保有储量金 4265 t，居世界第 7 位。我国金矿分布广泛，除上海、香港外，在全国其他各省（区、市）都有金矿产出。已探明储量的矿区有 1265 处。就省（区、市）论，以山东独立金矿床最多，金矿储量占全国总储量的 14.37%。

金矿矿床分内生、外生两大类。内生矿床中以岩浆 – 热液破碎带蚀变岩型和石英脉型为最重要，前者如山东焦家金矿，后者如小秦岭地区；沉积改造微细粒型金矿具有较大找矿潜力（如贵州黔西南金矿）；砂金矿亦占有重要地位。

(15) 银

中国是银矿资源中等丰度的国家。总保有储量银矿 34.7 万 t，居美国、加拿大、墨西哥、澳大利亚、秘鲁等国家之后，居世界第 6 位。我国银矿分布较广，在全国绝大多数省（区）均有产出，探明储量的矿区有 569 处，以江西银储量为最多，占全国总储量的 15.5%。

矿床类型有火山 – 沉积型、沉积型、变质型、侵入岩型、沉积改造型等几种，以火山 – 沉积型和变质型为主。

(16) 铂族金属

中国铂族金属矿产资源比较贫乏，总保有储量铂族金属 400 t。我国已探明铂族金属的矿区有 35 处，分布于全国 10 个省（区），其中以甘肃为最多，占全国总储量的57%；其次为云南、四川、黑龙江等省。

铂族金属矿产矿床类型主要为岩浆熔离铜镍铂钯矿床、热液再造铂矿床和砂铂矿床，以前者为最重要，如甘肃白家嘴子矿床即属此类。

（17）铌、钽

2018年，自然资源部和信息中心公布了中国铌钽矿的储量，其中基础储量82.5万t，储量2.7万t。我国铌矿已探明储量的矿区有99处，分布于内蒙古、湖北等16个省（区），以内蒙古最多，占全国铌储量的72%；湖北次之，占全国铌储量的24%。钽矿分布于13个省（区）的92个矿区，从地区分布来看，江西钽矿最丰富，内蒙古、广东次之，三省合计占全国钽储量的72.5%。以江西宜春铌钽矿和内蒙古白云鄂博铌钽矿最为重要。

（18）铍

铍矿在中国15个省（区）有产出，已探明储量的矿区有77处，BeO的总保有储量23万t，以新疆、内蒙古铍储量最多，分别占全国的29.4%和27.8%；四川、云南次之，各占16%左右。已探明的铍储量以伴生矿产为主，主要与锂、钽铌矿伴生（占48%），其次与稀土矿伴生（占27%）或与钨伴生（占20%），此外尚有少量与钼、锡、铅锌及非金属矿产相伴生。铍的单一矿产地虽然不少，但规模很小，所含储量不及总储量的1%。

我国铍矿主要类型为花岗伟晶岩型、热液脉型和花岗岩（包括碱性花岗岩）型。花岗伟晶岩型是最主要铍矿类型，约占国内总储量的一半，主要产于新疆、四川、云南等地。

（19）锂

我国是锂资源较为丰富的国家之一，我国已探明的锂资源储量约为540万t，约占全球总探明储量的13%。我国的盐湖资源约占全国总储量的85%，矿石资源约占15%。我国花岗伟晶盐锂矿床主要分布在四川、新疆、河南、江西、福建、湖南、湖北等省（区），其中江西宜春锂云母基础储量达63.7万t，四川省康定甲基卡伟晶岩型锂辉石矿床是世界第二大、亚洲第一大的锂辉矿，氧化锂的含量为1.28%，储量为118万t。我国的锂盐湖资源主要分布在青海和西藏两地，两地盐湖锂资源储量占全国锂资源总储量的80%左右。

（20）锆

我国锆资源储量相对比较匮乏，储量仅占世界储量的0.6%。中国锆产地主要分布在海南的文昌和万宁、广东的湛江。国内海南文昌的锆英砂精矿的品质最好，万宁和湛江主要生产普通锆英砂。

（21）锗

中国已探明锗矿产地约 35 处，保有储量约 3500 t，远景储量约 9600 t。云南省锗资源占全国总储量的 33.77%，另外，内蒙古的锗资源也非常丰富，但是品位较低，可开采性较差。云南省的锗资源主要分布在铅锌矿和含锗褐煤中。

（22）铟

中国的铟资源储量居世界首位，我国铟主要伴生于铅锌矿床和铜矿金属矿床中，保有储量约为 1 万 t，分布 15 个省（区），主要集中在云南（40%）、广西（31.4%）、内蒙古（8.2%）、青海（7.8%）和广东（7%）。

（23）镓

中国已探明镓矿矿区总数为 166 个，分布在全国 25 个省（区、市），资源储量为 19 万 t，占全球储量 68% 左右。镓资源储量较多的省份除内蒙古外，还有广西、贵州、河南、山西和云南。从镓资源分布类型来看，广西、贵州、河南、山西、吉林、山东等省（区）的镓主要存在于铝土矿中，云南、黑龙江等省的镓主要存在于锡矿或煤矿中，湖南等省的镓主要存在于闪锌矿中。

（24）稀土元素

中国是世界上稀土资源最丰富的国家，素有"稀土王国"之称，不但储量丰富，而且还具有矿种和稀土元素齐全、稀土品位高及矿点分布合理等优势，为中国稀土工业的发展奠定了坚实的基础。全国总保有储量 TR_2O_3 约 9000 万 t，居世界第 1 位。全国稀土矿探明储量的矿区有 60 多处，分布于 16 个省（区），以内蒙古为最，占全国总储量的 95%，湖北、贵州、江西、广东等省次之。我国稀土矿产多与其他矿产共生，南方以重稀土为主，北方以轻稀土为主。轻稀土主要分布在内蒙古包头的白云鄂博矿区，其稀土储量占全国稀土总储量的 83% 以上，居世界第 1 位，是我国轻稀土主要生产基地。

图 1.1 为中国金属资源矿产储量在世界总储量的占比（见书末彩插），其中红色部分为占全球储量 40% 以下的较短缺资源，绿色部分为国内储量占全球资源 40% 以上的有储量优势资源。可以看出，从全球范围来说，我国是矿产储量大国，物产富饶，但优势储量金属存在矿物品位低，难开采利用的现状。我国既是资源大国，更是消费大国，快速发展的制造业体系对金属资源的需求日益增大。我国金属资源的消费及进出口现状也是决定未来资源可持续性供应的重要影响因素。

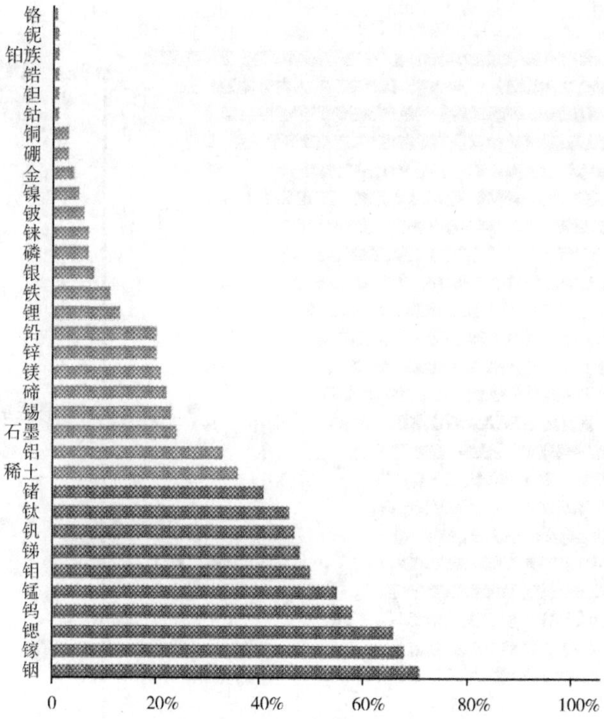

图 1.1　中国金属资源矿产储量在世界总储量的占比

（数据来源：中国地质调查局）

1.2　中国金属资源消费现状及对外依存度分析

图 1.2 为中国金属资源消费量在全球总消耗量中的占比。可以看出，我国虽为储量大国，但消耗量更大，大部分的金属资源消费量都居全球首位。图 1.3 为中国人均矿产消费水平。我国人口基数大，但人均资源消费量仍是世界平均水平的几倍，其中我国 2/3 的金属资源人均消费水平都是世界人均水平的 2 倍以上，这将导致我国金属矿产将大部分依赖进口。图 1.4 为中国主要矿产资源对外依存度汇总。由图 1.4 可以看出，虽然我国为矿产储量大国，但实际为高度对外依存的格局。尚有将近 2/3 的矿产处于对外依存的状态，有 1/3 的矿产对外依存度超过 50%，且这一现状未来仍将持续，短期内难以改变。下面将分别具体分析中国有储量优势资源和短缺资源的消费及对外依存度现状。

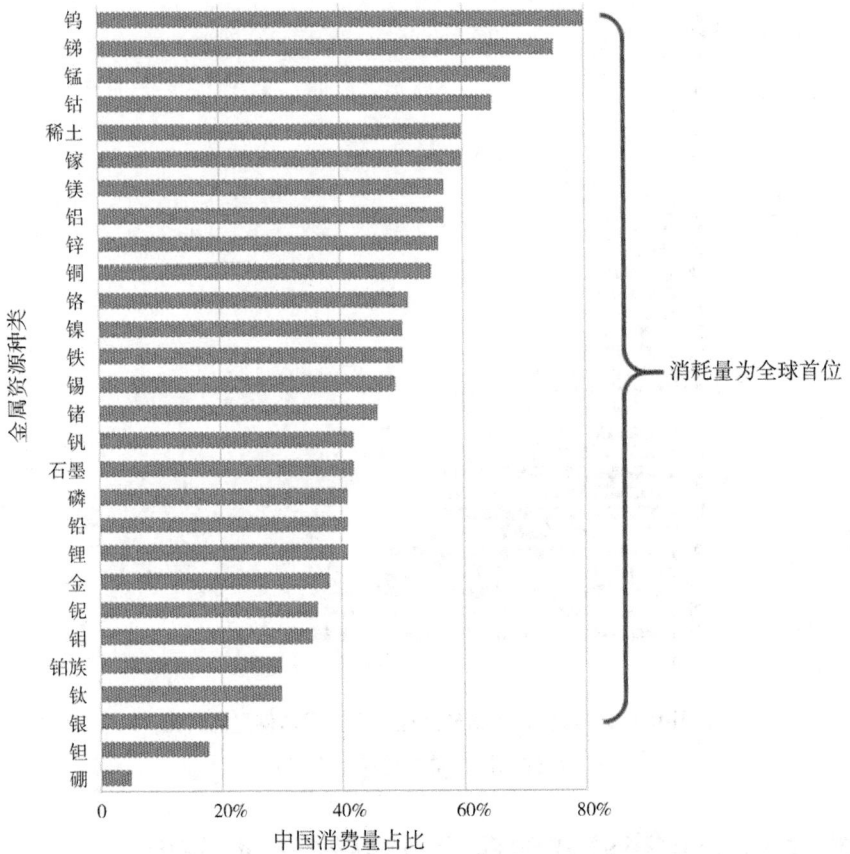

图1.2 中国金属资源消费量在全球总消耗量中的占比

（数据来源：中国地质科学院）

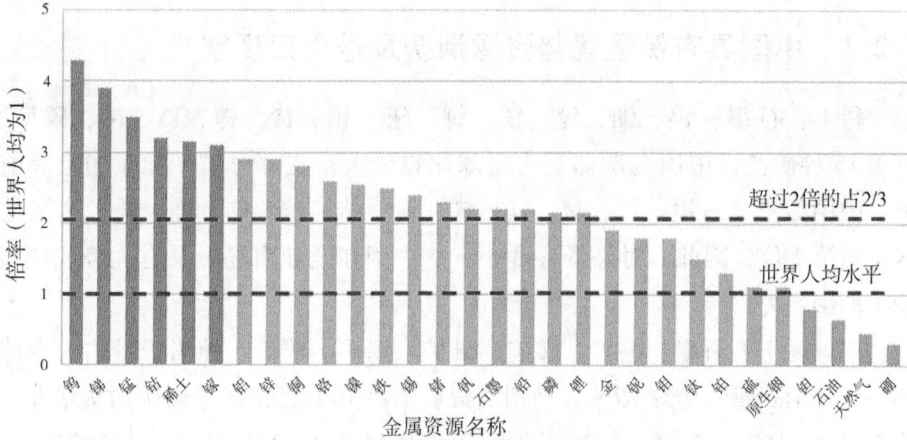

图 1.3 中国人均矿产消费水平

（数据来源：中国地质科学院）

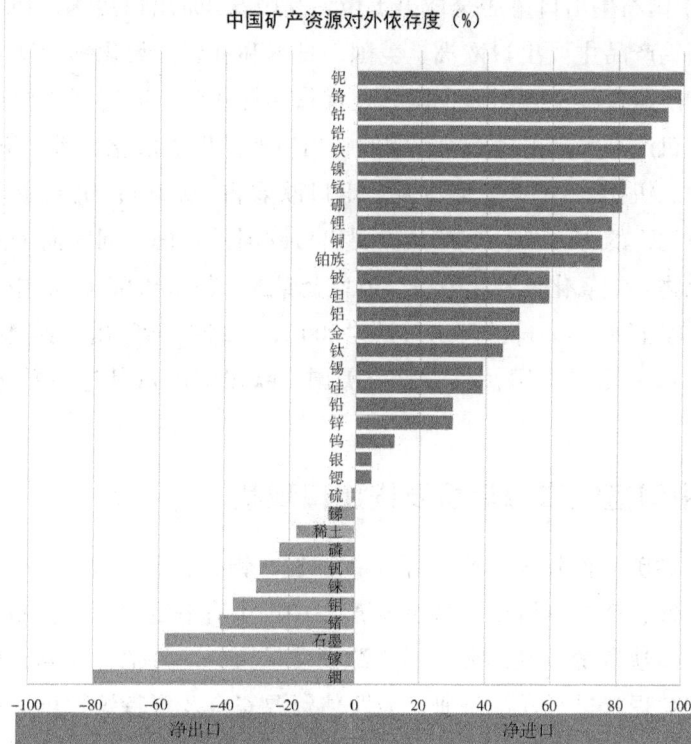

图 1.4 中国主要矿产资源对外依存度汇总

（数据来源：中国地质科学院）

1.2.1 中国具有储量优势资源消费及进出口现状

稀土、石墨、钨、铟、铋、镁、锑、钒、钼、锗、镓、碲、砷、磷矿、铼等 15 种矿产，中国资源储量占全球比重较大，且部分矿产储量居世界前列。中国稀土、石墨、钨、铋、镁、锑、钒、锗、镓、碲、砷、磷矿产量均居全球第 1 位，因此，对外依存度小[1]。中国在全球市场上具有优势地位和较大的影响力。

中国稀土、石墨、钨矿、锑矿、钒矿、钼矿、镓矿、砷消费量均为全球第一，铋消费量占全球 29%，精铟消费量不足 10%，锗矿、碲矿消费量分别为 75.1 t、150 t，镁矿、钛矿消费量分别为 45 万 t、7.86 万 t。铼消费较少，总体为净出口。磷矿消费量为 7912 万 t，部分可供出口。其中，20% 的稀土（主要是重稀土）需要从东盟进口。在进口的稀土化合物中，从美国进口的占 43.82%。中国石墨出口量居全球第 1 位，其中 5.0% 出口美国、15.5% 出口欧盟。中国钨产品主要出口欧洲、美国、日本和韩国。氧化锑和锑金属主要出口美国和欧盟，其中美国对中国氧化锑依赖性较强，欧盟对中国锑金属依赖性较强。钒产品大量出口美国和欧盟，出口产品以五氧化二钒、钒铁为主，其中五氧化二钒出口美国占 9.27%、出口欧盟占 20.7%；钒铁主要出口欧盟，占出口比重的 26.8%。钼产品主要出口欧洲及韩国，同时向美国出口部分钼的氧化物、氢氧化物及钼酸铵。出口金属镓产品 159.05 t，其中出口日本 50 t、出口美国 38.9 t。碲的年出口量约 100 t，大概有 50% 出口到美国。中国作为全球砷第一出口大国，其中出口美国、欧盟的砷占其进口总量的 90% 以上。

1.2.2 中国短缺资源消费及进出口现状

铁矿、锰矿、铬铁矿、铜、钴、锂、铌、钽、铂族金属、铝、锡、镍、锶、硼矿、铍、锆、多晶硅等 17 种矿产，中国也有一定储量及分布，但相对全球储量属短缺资源，且部分金属资源消费量大，对外依存度高，更需对其消费及进出口现状进行详细调研，为评估资源安全及可持续性供应提供理论依据。

中国钢铁消费量为 8.35 亿 t，占全球消费总量的 48.8%；进口铁矿石 10.64 亿 t，占全球消费总量的 64.3%，主要来源于澳大利亚、巴西、南非和印度，合计占进口总量的 91.1%，铁矿对外依存度为 88.3%。

中国锰矿消费量约 1516 万 t 锰金属，占全球消费总量的 72.2%。对外依存度为 82%，进口主要来源为南非、澳大利亚、加蓬和巴西，合计占中国进口总量的 75.4%。

中国铬铁矿对外依存度为 99.0%，进口主要来自南非（76.1%）、土耳其（6.8%）、津巴布韦（5.2%）等国家。

中国精炼铜消费量为 1248.2 万 t，占全球消费总量的 52.5%。铜资源对外依存度超过 70%，进口铜精矿 1974 万 t，其中从美国仅进口 29 万 t，占进口总量的 1.5%。

中国精炼钴消费量为 6.6 万 t，占全球消费总量的 52%；对外依存度超过 95%，主要从刚果（金）进口。

中国锂消费量为 3.24 万 t，占全球消费总量的 68.11%，居全球第 1 位。对外依存度为 75.3%，进口的锂辉石精矿和原矿全部来自澳大利亚；进口的氢氧化锂 85% 以上来自智利、8% 来自美国，碳酸锂 60% 以上来自智利、30% 来自阿根廷，氯化锂大部分来自智利和阿根廷。

中国铌消费量为 1.5 万 t，占全球消费总量的 22%。铌精矿 95% 原料供应依靠进口。2018 年铌铁进口量突破 3.5 万 t，其中 90% 以上来自巴西、6% 来自加拿大。

中国钽消费量为 550 t，钽铌精矿进口量为 7206 t，进口量中尼日利亚占 52%、巴西占 14%、卢旺达占 8%、塞拉利昂占 7%，四国合计占 81%。

中国铂消费量为 39.1 t，占全球消费总量的 16.2%。钯消费量为 60.2 t，占全球消费总量的 18.9%。中国铂族金属资源紧缺，进口铂 79.44 t、进口钯 36.67 t。中国黄金消费量为 1040.4 t，占全球消费总量的 31.6%；进口量为 1259 t，主要来自瑞士、澳洲、英国、美国和新加坡。

中国原铝消费量为 3330.4 万 t，占全球消费总量的 55.0%。中国铝土矿进口量持续增加，进口主要集中在几内亚、澳大利亚，占进口总量的 82.2%。

中国精炼锡消费量为 17.4 万 t，主要从缅甸、澳大利亚、俄罗斯、老挝和巴西等国家进口锡矿砂和精矿；同时向亚洲国家出口部分未锻轧锡、锡型材和锡金属制品。

中国镍矿消费量为 111.1 万 t，占全球消费总量的 47.0%。中国镍矿资源短缺，对外依存度达 83%，进口主要来自菲律宾、印尼和新喀里多尼亚等国家。

中国锶消费量为 7.8 万 t，其中 1/3 依靠进口，主要从伊朗进口天青石来满足国内需求。

中国陶瓷和玻璃工业对硼酸消费增加，已成为全球硼矿产品的重要进口国，其中美国是中国进口硼酸钠和硼酸的重要物源地。

中国铍矿消费量为 79.4 t，净进口铍金属 10.4 t，对外依存度为 20%。中国铍产量不能满足需求，近年来铍产品进口量将持续增长。

中国锆矿消费量为 112 万 t，占全球消费总量的 90%，对外依存度接近 90%；进口量持续提高，主要进口来自澳大利亚（38%）、南非（22%）、莫桑比克（12%）和美国（8%）。

中国多晶硅消费量为 37.4 万 t。中国是多晶硅生产与消费大国，但供应不足，对外依存度为 35% ~ 40%；从美国、韩国、德国、马来西亚共进口 12.02 万 t，其中美国和德国的进口量占比分别为 5.0% 和 32.4%。

1.2.3 中国与美国资源对外依存度对比

将中美金属资源的对外依存度耦合在图 1.5 中，可以看出，区域 1 中的铜、铝、铅、锌等金属资源中美对外依存度都 不高，属于中美都不高度依赖

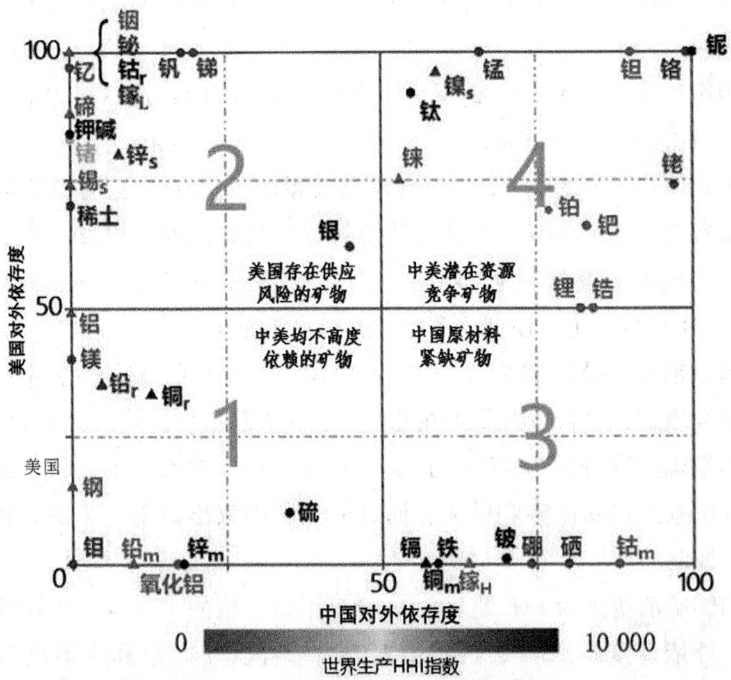

图 1.5 中美金属资源对外依存度耦合

的矿物资源；区域 2 中铟、铋、钒、稀土等矿产为美国对外依赖性较高，中国依赖性低的矿物，表明此区域内的矿物资源为未来美国存在供应风险的矿物资源，应重点关注；区域 3 中铍、硼、硒、钴等为中国对外依赖性较高，美国依赖性低的矿物，为中国紧缺的原材料矿物，未来规划布局中国应更加关注；区域 4 中镍、锂、锆、铌、钽、铬、铂族金属等为中美对外依存都较高的金属矿物，表明中美都将重点关注这 12 种金属资源，未来存在潜在的资源竞争。

1.3　金属资源关键性评价的研究意义

矿业是人类社会发展的重要基础。人类所耗费的自然资源中，矿产资源占 80% 以上，地球上每人每年要耗费 3 t 矿产资源。2018 年，全球矿产资源总产量为 227 亿 t，能源、金属和非金属产量分别占 68%、7% 和 25%。矿业在经济发展中也占据重要位置。2018 年，全球矿业总产值为 5.9 万亿美元，相当于全球 GDP 的 6.9%，其中金属矿产占 12%。

近年来，我国提出制造业强国战略，将中国由制造业大国转变为制造业强国。要成为制造业强国，必须要有稳定、经济、安全、清洁的矿产资源供应作为支撑，必须是矿产资源开发利用的强国。中国是全球矿产资源生产和消费大国，对世界矿业市场具有重要影响力。我国被誉为"世界工厂"，拥有相对完善的工业制造体系，供应了世界 50% 以上的钢铁、95% 以上的稀土、50% 以上的钴等；工业制造过程伴随着巨量的资源消耗，然而我国人均矿产资源约为世界水平的 1/2，位居世界第 53 位。长期以来，我国面临巨大的资源供给短缺风险。例如，我国部分有色金属的海外依存度高，如铜为 73%、铝为 46%、铅为 48%、锌为 51%、镍为 83%、锂为 76%、钴为 98%。

从全球范围看，矿产资源在整个工业体系中的占比仍然显著，并呈现出明显的金字塔形态，据《全球矿业发展报告 2019》统计，全球 2395 家上市矿业公司中，国际大型矿业公司数量占比不足 4%，但其市值占比近 80%。国际大型矿业公司占有优质资源，各矿种前十大公司生产了全球 82% 的铁矿、60% 的铝土矿、46% 的铜矿、42% 的镍矿、96% 的铂矿、94% 的钯矿和 85% 的铀矿。目前，美国在基本实现能源独立基础上，正加快推进关键矿产资源安全供应保障，积极推进国内关键矿产资源开发和循环利用，减少关键矿产对外依赖。同时美国出台《能源资源治理倡议》，加强全球资源治理，目前已有澳大利亚、巴西、秘鲁、阿根廷、菲律宾、刚果（金）、赞比亚、博茨瓦纳、纳米比亚等9个国家加入；欧盟加强区内矿产资源开发，强化关键矿产稳定供应。加强全球矿产资源治理，推动安全获取关键矿产原材料，发展清洁、可再生能源；加拿大和澳大利亚推进提高矿业发展质量与效益；印度尼西亚、刚果（金）等国家通过调整税费等政策，延伸矿业产业链，强化本土矿业权益。部分拉丁美洲国家鼓励矿业发展，改善矿业投资环境，愈发重视矿业发展。可以看出近十年来，以保障资源安全为目的"资源争夺"呈愈演愈烈趋势，美国、欧盟、日本等国家和地区也相继在近些年成立了资源安全战略研究机构包括美国材料关键性研究中心、欧盟原材料关键性战略合作组织等；各矿业资源企业包括必和必拓、嘉能可、优美科等也积极参与开展针对关键资源，尤其是金属资源的研究和战略部署。

与其他发达国家不同，我国制造业主要以资源密集型和劳动密集型产业发展为主，集中在前端中低端加工领域。我国从2003年开始已进入重化工业阶段，化工行业是我国的主导产业。在长足进步的同时，化工行业带来的问题也极大地影响我国资源环境现状。我国化工行业能耗巨大，且布局分散、行业集中度不高。化工行业污染物排放量大，排放物毒性强，导致污染场地环境风险严重，以重工业化为特征的经济结构及粗放的发展方式给中国的绿色增长带来了根源性障碍。我国人口众多，目前已成为生态环境承载力最小的国家之一，资源能源消耗总量大、资源利用效率不高，为保障国民经济的健康稳定发展，必须建立完善的工业体系，需对我国能源资源和环境现状进行整体评估，从资源可持续供应和环境管理层面开展顶层设计。

随着我国全面小康社会的建成和经济增长模式的改变，主要资源加工工业转型将进一步加速，尤其在资源环境约束强化力度增强的背景下，我国矿产资源利用业态与产业布局面临优化升级的重大需求。展望未来，从短期看，全球经济增长放缓、中美贸易摩擦、地缘政治冲突等因素将增加全球矿业发展的不确定性，国际矿业和经济市场将持续震荡调整。从中长期看，中国矿产资源需求仍将处于较高水平，国民经济行业结构将快速发展转变，环境管理及相关政策的颁布是保障生态健康发展的关键。在此背景下，以资源利用全产业链为基础梳理我国资源供给现状、国民经济影响、资源环境风险，厘清我国关键金属资源清单，对我国新时期资源战略体系构建，保障资源安全、环境安全和工业体系的可持续发展具有重要意义。

第二章 关键金属评价方法

2.1 概述

伴随着人类社会工业化过程的推进，矿产资源的消耗量无疑是巨大的。而矿产资源具有稀缺性、不可再生性及分布不均衡性等特点，因此，如何对我国境内有限的矿产资源进行科学合理的利用，使资源配置达到最优，资源价值达到最大，就需要建立一个矿产资源评价指标体系，对不同矿产资源在不同方面的重要性即关键性进行综合评价，从而制定不同的发展战略。需要指出的是，所谓"重要"和"关键"是相对而言的。无论哪一种矿产，对人类来说都十分重要。而矿产的关键性（相对重要性），是指在同一类矿产资源中哪些相对更为重要、对国家的影响更大，需要对所有矿产资源进行评估。

矿产资源重要性是指一定时期内矿产资源对经济发展的相对重要性。明晰矿产资源的相对重要性，对于科学规划和分类管理矿产资源、有针对性地制定相应政策措施具有重要意义。各国政府和学者都十分重视矿产资源的重要性评价，也做出了一些研究成果。近年来，美国、欧盟等发达国家先后发布了关键矿产名录，并将其纳入国家发展战略。2010 年 6 月，欧盟委员会发布《欧盟关键矿产清单》的初步报告，选择了铝、锑、重晶石、铝土矿、蒙脱石、铍矿、硼酸盐等 41 种矿物进行战略地位分析，将锑、铍、钴、萤石、镓、锗、石墨、铟、镁、铌、铂族金属、稀土金属、钽、钨等 14 种重要矿产原料列入紧缺名单，此名单在 2014 年、2017 年分别进行了更新，最新确定 27 种矿产为关键原材料。分析评价主要选择了 3 类指标来衡量一种矿产的"关键性"。一是经济意义指数，将矿产品的终端用途分解，计算将这种矿产作为投入的经济部门的增值；二是供给安全指数，主要包括生产国的稳定性和集中度、可替代性、可回收性；三是环境方面的国家风险指数。分析评价方法主要采用经济意义指数和供给安全指数聚类后进行象限分析。2012 年 12 月，美国能源部出台《关键材料战略 2011》，从美国能源发展战略的未来需求角度，提出了氧化钕（轻）、氧化镝（重）、钴等 14 种矿物原料为关键矿产。对石油精炼催化剂、荧光粉、风力涡轮机、永磁铁中涉及的 14 种矿产进行了风险评估。其评估指标分为两组：一组是对清洁能源的重要性，参数包括清洁能源需求和可替代性限制；另一组是供给风险，考虑基本可用性，竞争性科技的需求，政治、监管及社会因素，对其他市场的协同依赖性，生产者多样性。各个要素层打分后分值乘以权重再加总，最后得到该矿种的评估结果。2018 年，美国对此清单进行更新，根据关键度、保障度、风险度 3 个评价原则，确定了对外依存度高且对经济发展和国家安全至关重要的 35 种关键矿产。

目前，我国无论是学术界还是政府管理部门对战略性矿产资源、关键矿产或重要性矿产资源的内涵尚未形成统一认识。通常侧重于从供应保障、供应安全方面来考虑矿产资源的重要性，几乎将重要矿产等同于大宗矿产、短缺矿产。实际上，矿产资源的重要性同样体现在包括政治、经济、国防等方面的经济意义和政治、军事意义上。从这些意义上讲，我国的优势矿产资源同样是重要矿产资源。对我国的重要矿产资源进行全面分析评价，有利于针对其不同方面的重要性制定不同的发展战略。纵观前人研究，各国关键矿产的评价基本考虑供给安全指数和经济波动的影响，但每个影响因素所对应的具体指标要素及权重组合各异。涉及能源安全领域研究成果丰富，而金属矿产安全方面的研究相对较少，尤其是缺乏综合的集成评价，虽然设计了各种评价指标，但哪些指标最能精确地反映资源风险与安全，对此仍存在争议。

本报告基于金属资源从原材料到产品利用，再到废弃后最终循环回收的全产业链流程设定方法参数体系。原材料的上游供应主要来源于我国金属资源的产量、进出口量及二次资源中回收可用的部分，另外，可替代性原材料的出现也将影响关键金属资源的供应可持续性。金属资源在全球的分布情况、供应国的生产集中度、主要供应国的经济政治稳定性和相关政策的颁布也将对资源供给产生很大影响。例如，党的十八大以来，我国高度重视新能源汽车产业的发展，国务院发布的《节能与新能源汽车产业发展规划（2012—2020 年)》指出，到 2020 年，纯电动汽车和插电式混合动力汽车累计产销量超过 500 万辆。新能源汽车产业进入黄金发展期，产量和销售量快速增长，2016 年产量为 51.9 万台，2017 年产量为 81 万台，而 2018 年累计产量为 122.2 万台、装配动力蓄电池约 58.67 GW·h，我国成为全球锂离子电池生产和消费大国。随着中国新能源汽车产业的快速发展，新能源汽车电池中涵盖的镍、钴、锂等金属资源的需求大幅增加，全球相关金属资源的消费结构随之改变。我国锂离子电池相关金属资源的供应上游产业结构也发生了很大变化，推动了资源提取技术的更新换代。资源回收企业的数量和规模迅速扩大，加快了资源回收技术的研发与应用进展，同时带动了原材料替代技术的探索。基于此，本报告中设定综合考虑原材料进口依赖性、二次资源利用率、原材料可替代性，以及衡量资源集中度、供应国稳定性的供应安全指数，来衡量金属资源的供应风险；原材料的重要性也与市场经济价值息息相关，实时变换的经济市场是全球金属资源及其相关行业的反馈与风向标。例如，在促进全球新能源汽车产业发展的相关政策出台后，金属锂、钴的价格大幅增加；在我国新国标中规定螺纹钢中必须添加钒合金元素后，钒价暴涨 100%，引起了市场的极大关注。基于此，本报告中综合考虑金属资源自身价值属性及其终端用途价值对我国 GDP 贡献的国民经济指数，以衡量金属资源在我国的经济重要性；国家未来发展布局要同时兼顾经济建设与生态环境的可持续发展。我国经济行业以重化工业为主，过去粗放式的发展模式已造成大量的资源浪费，严重的环境污染。且我国人口基数大，目前环境承载力已超出负荷。在社会经济发展的同时，为有力推动我国生态文明建设，需更明晰各行业相关金属资源自身及生产过程对环境产生的影响。基于此，本报告设定考虑金属资源自身毒性和生产过程中"三废"排放因子的环境风险指数，以衡量金属资源自身进入环境及生产过程中带来的环境风险。

由上可知，本报告中基于我国特有国情建立了一套系统集成的综合量化评价方法，将采用翔实可靠的数据对大部分金属资源进行 3 个层面、7 个维度的系统评估，梳理出我国的关键金属清单。本报告中评价方法的建立和清单的梳理对于我国未来在兼顾经济建设和生态文明的发展下，积极应对国际矿业局势，缓解潜在的资源供给风险，布局新兴战略技术产业，提升优势矿产资源的国际战略地位具有重要意义。

2.2 评价范围

2.2.1 原材料范围

本报告中评价元素涵盖化学元素周期表中除锕系、气体元素和个别数据缺失、需求量极小的元素外的 64 种元素，重点为非能源矿物和金属原材料

[表2.1和图2.1（见书末彩插）]。所包含元素均为人类生活、工业生产中具有优异特性、不可或缺的各组成材料，因此对其进行关键性评价十分必要。本报告中使用金属名称表示金属对应矿石现状。

表2.1　评价涵盖元素范围

金属元素	英文名称	金属元素	英文名称	金属元素	英文名称
锂	Li	铍	Be	硼	B
碳	C	镁	Mg	铝	Al
硅	Si	磷	P	硫	S
钪	Sc	钛	Ti	钒	V
铬	Cr	锰	Mn	铁	Fe
钴	Co	镍	Ni	铜	Cu
锌	Zn	镓	Ga	锗	Ge
砷	As	硒	Se	铷	Rb
锶	Sr	锆	Zr	铌	Nb
钼	Mo	银	Ag	镉	Cd
铟	In	锡	Sn	锑	Sb
碲	Te	铯	Cs	钽	Ta
钨	W	铼	Re	金	Au
汞	Hg	铅	Pb	铋	Bi
稀土元素	REEs	铂族金属	PGMs		

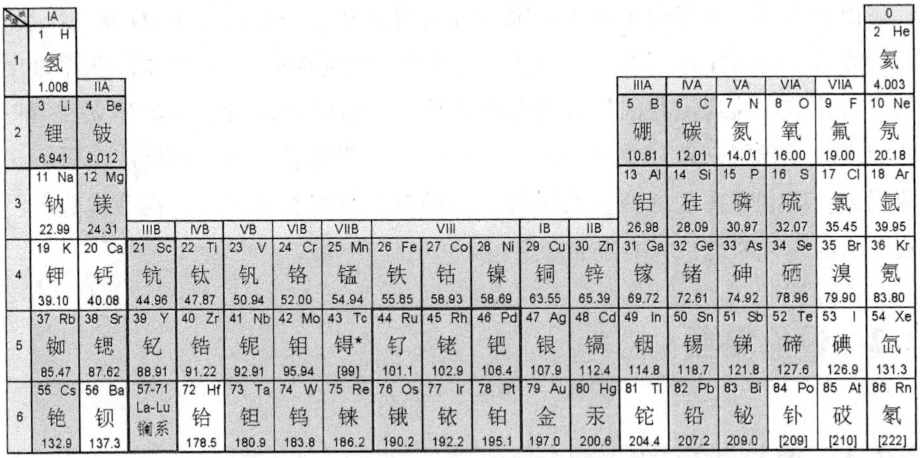

图2.1　评价涵盖元素在周期表中的分布

注：图中绿色部分为本报告中的评价涵盖元素。

2.2.2 时间范围

关键性评价是在特定的时间点捕获原材料的关键度，因此，评价结果不是固定的。本报告中优先采用最新的公开统计数据，一般采用的为近五年（2015—2020 年）的数据，有特殊情况的将在报告中特别说明。为可持续性地提供长期关键原材料清单，应定期根据各影响因素监测情况更新数据，以进行新的关键性评价。

2.2.3 地域范围

近年来，欧盟、美国等国家和地区相继开展关键性评价研究并发布了关键性材料清单，但评价结果因不同的区域及评价方法不同而有明显差异。目前，国内尚无明确的关键性材料清单，本报告将依据中国国情，对中国的主要矿产及金属原材料进行关键性评价。

2.3 评价参数

当一种原材料供应短缺的风险及其对经济、环境的影响高于大多数其他原材料时，该原材料就被称为关键原材料，即相对重要的原材料。基于现有的方法，本报告系统地建立了耦合创新性和实用性的金属原材料关键性评估方法。本报告方法中设置供给安全指数、国民经济指数和环境风险指数 3 个综合指标，通过计算每种金属材料的 3 个指标数值进行关键性评价（图2.2）。

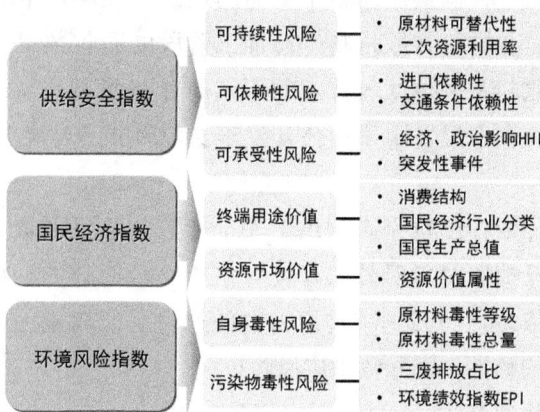

供给安全指数	可持续性风险	· 原材料可替代性 · 二次资源利用率
	可依赖性风险	· 进口依赖性 · 交通条件依赖性
	可承受性风险	· 经济、政治影响HHI · 突发性事件
国民经济指数	终端用途价值	· 消费结构 · 国民经济行业分类 · 国民生产总值
	资源市场价值	· 资源价值属性
环境风险指数	自身毒性风险	· 原材料毒性等级 · 原材料毒性总量
	污染物毒性风险	· 三废排放占比 · 环境绩效指数EPI

图 2.2 金属原材料关键性评价方法框架

2.3.1 供给安全指数

供给安全指数（Supply Safety Index）参数中综合考虑了金属原材料的资源集中度、可替代性、进口依赖性、二次资源利用率、产量占比等直接因素的影响。赫芬达尔－赫希曼指数（Herfindahl－Hirschman Index，HHI），简称赫芬达尔指数，是一种测量产业集中度的综合指数。本方法中采用赫芬达尔指数评估原材料的分布集中度。本方法中赫芬达尔指数的计算还考虑原材料生产国家的经济和政治稳定性。世界银行每年通过评估各国的人民发言权和责任制、政治稳定性和是否存在暴力/恐怖主义、政府行政力度、质量监督管理、法治条款及控制腐败力度6个方面，公开发布世界政府指数（World Government Index，WGI）来衡量国家的经济和政治稳定性。

某种原材料在应用领域内被另一种原材料替代的潜力也会影响供给安全指数。本方法中引入可替代性指标，由原材料在其每种应用领域中的可替代性整合得到，每种应用领域中的原材料可替代性程度由行业内专家判定获得。如果可替代性值为0，则表示可以无成本进行替换；0.3 表示以较低的成本替代可行；0.7 意味着以高成本替代可行；1 表示很难或不可代替。可替代性弱或不可代替则该原材料的供给安全指数大；反之，则导致供给安全指数减小。

随着资源化技术的不断发展，原材料的供给可来源于一次资源及二次资源，若某种原材料回收率高，则二次资源贡献大，可缓解未来该原材料的供应风险。针对回收阶段的不同，回收率有不同的定义范围。一种广义的定义为从非一次资源中回收得到的原材料；一种狭义的定义为从收集的报废产品中回收原材料，后一种衡量产品整个生命周期的回收率。本方法中采用第一种回收率的定义，并排除在原材料生产加工阶段的回收数量。某种原材料的回收率由于回收原料及采用回收技术的不同而存在明显差异，基于数据的来源可靠性和统一性，本报告中采用公开发表文献及报告中的原材料理论回收值作为评价依据。

原材料的对外依存度也是影响供给安全指数的重要因素。本方法中采用进口依赖性指标反馈原材料对外依存度对供给安全指数的影响程度。我国某种原材料的进口依赖性与我国该种原材料的产量、消耗量、进口量和出口量息息相关，进口依赖性大则导致供应风险更大。

供给安全指数的具体计算方法及各参数的意义如下：

$$SS_M = SI_M TR_M (1-\rho_M) HHI_{WGI,M} \qquad (2-1)$$

式中，SS_M 为金属原料 M 的供给安全指数；ρ_M 为原材料 M 的回收率；SI_M 为原材料 M 的可替代性参数。原材料 M 有 i 种用途：

$$SI_M = \sum_1^i SI_{M,i} S_i \qquad (2-2)$$

式中，S_i 指原材料 M 在 i 种用途中的占比，且 $\sum S_i = 1$；$SI_{M,i}$ 为原材料 M 在用途 i 中的可替代性。

TR_M 指原材料 M 的进口依赖性，其计算方法为：

$$TR_M = \frac{Do + Im - Ex}{Do} \qquad (2-3)$$

式中，Do 为我国原材料 M 的年产量，Im 为我国原材料 M 的年进口量，Ex 为我国原材料 M 的年出口量。

$HHI_{WGI,M}$ 为原材料 M 的赫芬达尔 – 赫希曼指数，具体计算公式为：

$$HHI_{WGI,M} = \sum S_{M,j}^2 \times WGI_j \qquad (2-4)$$

式中，S_{Mj} 是国家 j 生产的原材料 M 占世界原材料 M 生产量的比值；WGI_j 为衡量国家 j 的国家经济和政治稳定性的世界政府指数。

2.3.2 国民经济指数

某种原材料的价值链的每一步都是建立在前一步的基础上，上游原材料出现供应瓶颈将会直接影响甚至威胁到整个价值链体系。因此，本报告中一种原材料对经济的重要性是通过考虑市场赋予其自身资源价值属性和衡量其在下游各种用途中的相应价值来评价的。某种金属资源在市场中的资源价值是实时波动的，本报告中选取各金属资源近 3 个月的市场平均位点作为计算基础数据定义金属资源的资源价值属性，后续会随市场波动情况进行实时更新。根据国家统计局每年发布的《中国统计年鉴》，将国民经济行业按照大类分为农、林、牧、渔业，采矿业，制造业，电力、热力、燃气及水生产和供应业，建筑业，批发和零售业，交通运输、仓储和邮政业，住宿和餐饮业，信息传输、软件和信息技术服务业，金融业，房地产业，租赁和商务服务业，科学研究和技术服务业，水利、环境和公共设施管理业，教育，卫生和社会工作，文化、体育和娱乐业，公共管理、社会保障和社会组织，国际组织。本报告中将金属原材料的消费结构与国民经济行业中的相应领域对应，从而估算该种原材料在该领域内的国民经济指数（Domestic Economy Index）。具体计算方法如下：

$$DE_M = Q_M \frac{1}{GDP_{CN}} \sum_1^i V_i S_i \qquad (2-5)$$

式中，DE_M 为金属资源 M 的国民经济指数；Q_M 为金属资源 M 自身的资源价值属性参数；S_i 为原材料 M 在 i 种用途中的占比；V_i 是用途 i 对应国民经济行业的价值，由国家统计局发布数据获得；GDP_{CN} 指的是中国的国民生产总值。

2.3.3 环境风险指数

某种原材料产生的环境风险指数（Environmental Risk Index）也将直接影响该种原材料的关键性。一种原材料的环境风险指数主要包括其自身特有的毒性、在采选及加工过程中释放到环境中的"三废"比重、各个国家针对环境问题采取的环保措施产生的影响。国家《重金属污染综合防治"十二五"规划》中，将"汞（Hg）、六价铬（Cr^{6+}）、铅（Pb）、镉（Cd）、砷（As）"列为重点防控的重金属污染物，即一类重金属，将"镍（Ni）、铜（Cu）、锌（Zn）、银（Ag）、钒（V）、锰（Mn）、钴（Co）、铊（Tl）、锑（Sb）"9 种重金属列为兼顾重点防护的重金属污染物，也就是俗称的二类重金属。结合金属元素自身化学性质，根据十余项指标（第一电离势、熔点、沸点、熔化热、汽化热、电化当量、结合能、离子半径、密度、电荷离子半径比、氧化性、离子奇偶性、挥发性）对重金属的潜在毒性进行排序后，将金属原材料毒性等级定性赋值为：无毒的原材料毒性为 0，微毒或轻毒的原材料毒性为0.34，有毒或很毒的原材料毒性为 0.67，极毒或剧毒的原材料毒性为 1。

为评估原材料排放的"三废"对环境风险指数的影响，本方法中选取阶段为原材料的采选及加工冶炼过程，以某种原材料现有主流采选及加工冶炼工艺为主体，通过《工业污染源产排污系数手册》及国内行业有影响力的企业实际调研获取相应过程中废气、废水、固废排放数据。但由于部分金属冶炼行业"三废"排放数据获取的难度较大，部分无法获取的数据参照美国耶鲁大学 T. E. Graedel 教授及其团队的相关研究结果进行拟合修正。

随着全球对环境问题的日益关注，各个国家采取的相应环保措施及政策也直接影响原材料的环境风险指数。本报告中引入环境绩效指数（Environmental Performance Index，EPI），EPI 建立的指标体系关注环境可持续性和每个国家的当前环境表现，该指数对 163 个国家的环境、公共卫生和生态系统活力等 10 个政策类别的 25 项绩效指标进行了排名。该指数在国家政府层面提供了一个衡量与表征标准。其评价框架如图 2.3 所示。

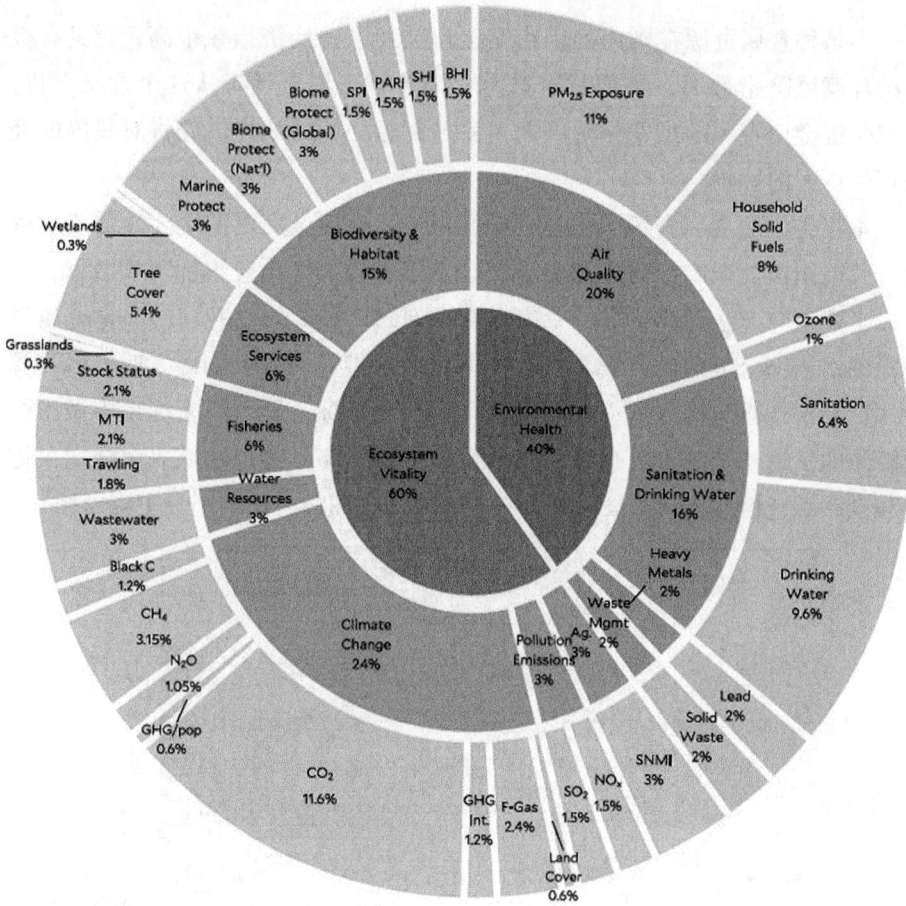

图 2.3 环境绩效指数评价方法框架

（数据来源：世界银行）

原材料的环境风险指数具体计算方法如下：

$$ER_M = T_M \left(\frac{Q_{wg,M}}{Q_{wg}} + \frac{Q_{wl,M}}{Q_{wl}} + \frac{Q_{ws,M}}{Q_{ws}} \right) EPI_{CN} \qquad (2-6)$$

式中，ER_M 为原材料 M 的环境风险指数；T_M 为原材料 M 的本身毒性（0 ~ 1）；EPI_{CN} 为中国的环境绩效指数；$Q_{wg,M}$ 为原材料 M 生产过程中每吨产品排放的废气总量；Q_{wg} 为中国每年废气排放总量；$Q_{wl,M}$ 为原材料 M 生产过程中每吨产品排放的废水总量；Q_{wl} 为中国每年废水排放总量；$Q_{ws,M}$ 为原材料 M 生产过程中每吨产品排放的工业固废总量；Q_{ws} 是中国每年工业固废总产量。

2.3.4　金属资源关键性

当某种金属资源在国内的供给安全指数和国民经济指数很高，且具有极高的环境风险指数时，该原材料被定义为关键金属资源。从这个意义上讲，获取关键金属资源的难度相对更大，关键资源的可持续性供应将对我国的经济产生更大的影响。

本报告中的金属资源关键性（Criticality）是指金属资源重要性的相对程度，目前国内尚未有明确的划分方法。本报告根据国内收集的可靠数据，基于以上建立的方法计算并进行专家咨询得到的结果界定出我国的关键金属资源范围。当综合考虑供给安全指数和国民经济指数二维影响因素时，以资源的国民经济指数为横坐标，供给安全指数为纵坐标，即可在坐标系中做出金属资源的关键性矩阵。红色区域表示金属关键性高，黄色区域表示金属关键性较高，绿色区域表示金属关键性较低，具体如图2.4所示（见书末彩插）。

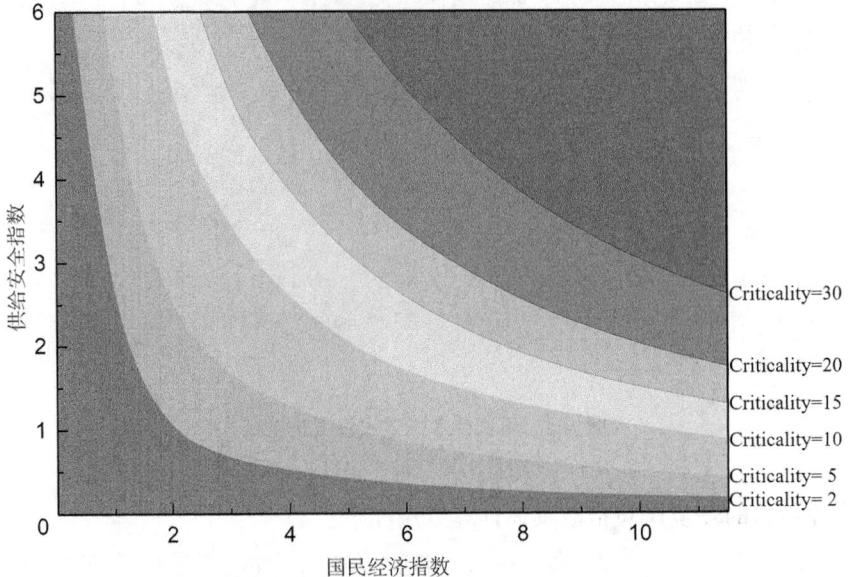

图 2.4　金属资源关键性二维可视化

当原料落在 x 轴和 y 轴较远的位置，则证明其受到的风险和影响程度都较大，原料处于关键性位置。而金属资源的关键与非关键需要通过在关键性矩阵中划定一个阈值范围。为了对特定行业原材料进行定量评估，本研究使用归一化方法将原材料的 SS 和 DE 标准化，并投影成具有等高线的均匀矩阵，两项标准化指标的乘积（$SS \times DE$）可对材料关键性进行排序并进行定量比较。因此，当综合考虑供给安全指数和国民经济指数二维影响因素时，原材料关键性计算方法为：

$$Criticality_M = SS_M \times DE_M \tag{2-7}$$

式中，$Criticality_M$ 是原材料 M 的关键性；SS_M 是原材料 M 的供给安全指数；DE_M 是原材料 M 的国民经济指数。选取 $SS_M \times DE_M = 2$ 为关键性和非关键性的阈值分界线，即当 $SS_M \times DE_M$ 的值小于 2 时，此区域内原材料为非关键的；当 $SS_M \times DE_M$ 的值大于 2 时，此区域内原材料为关键原材料。

当考虑供给安全指数、国民经济指数和环境风险指数的综合影响时，以材料的供给安全指数为 x 坐标，国民经济指数为 y 坐标，环境风险指数为 z 坐标，原材料的关键性计算结果将在三维空间中展示出来（图 2.5，见书末彩插）。其中象限 4 为关键性高的区域为红色显示，在此区域内的金属资源为重要的关键金属；象限 6 为关键性最低的区域为绿色表示，此区域内的金属资源为非关键金属，其他几个象限随着与坐标轴距离的由远及近分别由红色过渡至黄色至绿色，表示关键性逐渐降低。

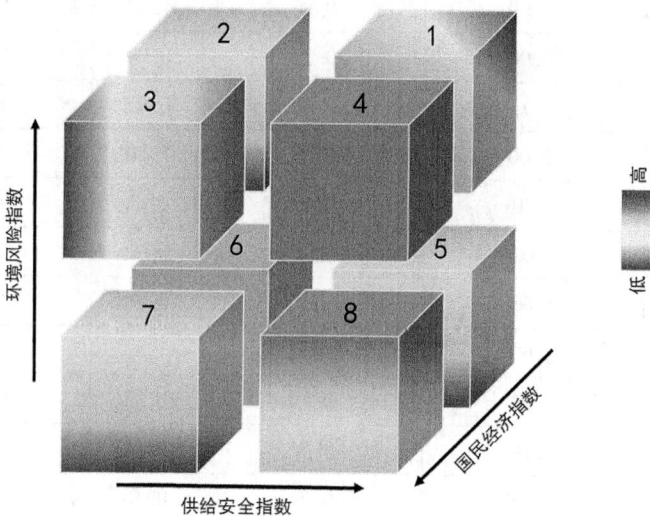

图 2.5　金属资源关键性三维可视化

第三章 评价结果及分析

3.1 金属资源供给安全指数分析

基于以上建立的金属资源供给安全指数评价方法，计算了64种元素的供给安全指数，结果如表3.1（见书末彩插）所示，具体计算数据及数据来源见附录。

表3.1 金属资源供给安全指数

金属资源	进口依赖性（TR）	可替代性参数（SI）	HHI	供给安全指数（SS）
PGMs	18.60	0.86	1.68	11.10
Co	10.00	0.78	0.99	11.00
Zr	8.00	0.73	0.97	6.70
Nb	10.00	0.70	1.50	5.25
Li	4.30	0.77	1.63	4.66
Se	7.00	0.71	0.72	3.58
Cr	5.00	1.00	0.70	2.52
As	2.60	0.65	1.43	2.45
B	3.50	0.50	1.35	2.365
Ta	6.10	0.75	0.54	1.73
Ni	10.10	0.71	0.40	1.64
Cs	7.00	0.99	1.57	1.63
Be	1.10	0.83	2.00	1.45
Ge	2.50	0.80	1.16	1.43
Re	2.00	0.90	1.48	1.33
REEs	0.98	0.95	1.22	1.14

续表

金属资源	进口依赖性（TR）	可替代性参数（SI）	HHI	供给安全指数（SS）
Sr	1.20	0.79	0.87	1.13
Hg	0.70	0.80	2.07	1.09
Si	0.72	0.80	1.16	1.05
Ga	0.50	0.63	2.53	0.87
V	1.20	0.70	1.01	0.85
Mo	1.50	1.00	0.81	0.84
C	0.90	0.75	1.15	0.76
Rb	1.10	0.69	1.05	0.76
Bi	0.50	0.92	1.53	0.73
W	0.70	0.70	1.84	0.70
Sc	0.60	0.83	1.15	0.59
Mn	1.80	1.00	0.48	0.56
Mg	0.50	0.94	1.82	0.52
Sb	0.70	0.62	1.16	0.50
P	0.70	0.98	0.62	0.44
Pb	2.50	0.97	0.68	0.44
Sn	1.20	0.82	0.55	0.43
Ag	2.30	0.72	0.32	0.39
S	1.30	0.97	0.28	0.35
In	0.60	0.69	0.90	0.35
Al	1.00	0.56	0.89	0.27
Zn	1.20	0.68	0.42	0.26
Te	0.50	0.41	1.15	0.24
Cu	1.40	0.55	0.42	0.21
Cd	0.90	0.52	0.52	0.21
Fe	0.90	0.95	0.86	0.09
Au	3.00	0.79	0.17	0.05
Ti	1.80	0.46	0.85	0.04

表3.1中各金属资源在表中的先后顺序是由供给安全指数由高到低的顺序排列的。每种原材料的回收率由于处理工艺及回收原料的不同存在很大差异，数据难以全面覆盖，此处以文献和政府报告中已发表的公开数据为依据。进口依赖性、可替代性参数及HHI的具体计算数据见附录。由评价结果可以看出，主要由于回收率低导致供给安全指数较高的原材料有硼（B）、钪（Sc）、硅（Si）、钒（V）、硒（Se）、锆（Zr）及稀土元素（REEs）；主要由于我国进口依赖性大而导致供给安全指数较高的原材料有锂（Li）、铬（Cr）、铂族金属（PGMs）、钴（Co）、铌（Nb）、锗（Ge）、镍（Ni）和钽（Ta）；主要由于可替代性参数较高，即该原材料的用途或特性几乎不可替代而导致的供给安全指数较高的原材料有钼（Mo）、稀土元素（REEs）；主要由于国家经济和政治稳定性差而导致的供给安全指数较高的原材料有铍（Be）和钨（W）。其中，由于砷（As）和汞（Hg）有毒性、价值低、基本不回收，但其进口依赖性和可替代性参数较小，因此供给安全指数不高。镓（Ga）的赫芬达尔指数很高，回收率很低，但其可替代性大，我国对外依存度小，因此供给安全指数中等。可以看出，原材料的供给安全指数是由多个因素共同决定的，不仅仅取决于单个因素的高低，因此评价结果更合理、更全面。

3.2 金属资源国民经济指数分析

根据前面列出的原材料国民经济指数的评估方法，对不同金属资源的国民经济指数进行计算，结果如图3.1所示（见书末彩插）。

图3.1中的评价结果表征了原材料在中国国民经济中的相对重要性，自上而下为国民经济指数较高（如铂族金属、钒）到较低（如砷、硫）。但国民经济指数较低的原材料并不意味着这些金属资源不如国民经济指数较高的重要。它所指的是，如果对后者进行供应限制，其可能会对我国经济价值链或附加值产生更大的潜在影响。所以，若国民经济指数较高的金属资源出现供应短缺问题，可能对我国甚至世界经济某领域中非常具体的应用或发展造成重大阻碍。

图3.1中，红色区域为国民经济指数较高且具有关键性（详见3.3节）的原材料，黄色区域为国民经济指数较高但非关键的原材料，绿色区域为国民经济指数中等但具有关键性的原材料，蓝色区域为国民经济指数中等或较低且非关键的原材料。

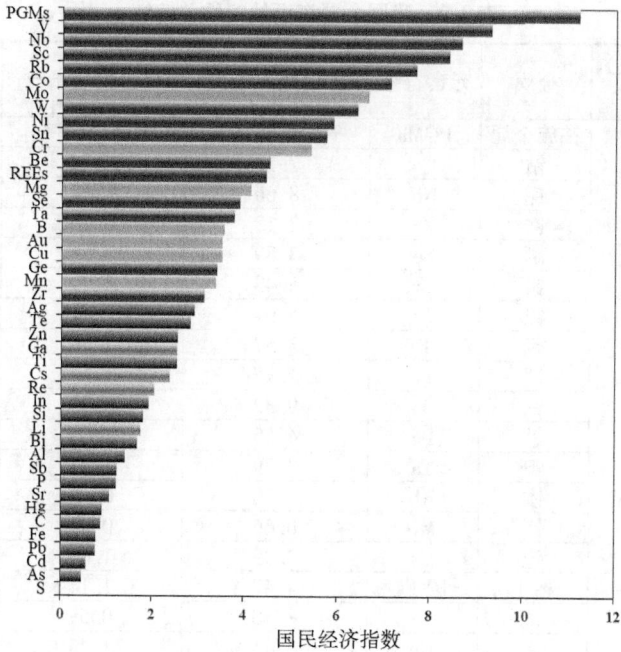

图 3.1　金属资源国民经济指数

3.3　金属资源二维关键性分析

根据以上二维关键性的评价方法进行计算，结果如表 3.2 所示，具体计算数据见附录。以原材料的国民经济指数为横坐标 x 轴，以原材料的供给安全指数为纵坐标 y 轴，在坐标系中标出各原材料的关键性，如图 3.2 所示（见书末彩插）。将金属材料二维关键性在三维立体图中展示出来，如图 3.3 所示（见书末彩插）。

表 3.2　我国金属资源的二维关键性

	金属	元素符号	国民经济指数	供给安全指数	二维关键性
关键金属 （Critical Metals）	铂族金属	PGMs	11.20	11.10	124.32
	钴	Co	7.13	11.00	78.43
	铌	Nb	8.66	5.25	45.47
	锆	Zr	3.13	6.70	20.97
	硒	Se	3.89	3.58	13.93
	铬	Cr	5.43	2.52	13.68
	镍	Ni	5.91	1.64	9.69
	硼	B	3.57	2.36	8.43
	锂	Li	1.75	4.66	8.16
	钒	V	9.32	0.85	7.92
	铍	Be	4.55	1.45	6.60
	钽	Ta	3.79	1.73	6.56
	铷	Rb	7.70	0.76	5.85
	钼	Mo	6.66	0.84	5.59
	铯	Cs	3.39	1.63	5.53
	稀土	REEs	4.47	1.14	5.10
	钪	Sc	8.40	0.59	4.96
	锗	Ge	3.41	1.43	4.88
	钨	W	6.43	0.70	4.50
	铼	Re	2.05	1.33	2.73
	锡	Sn	5.76	0.43	2.48
	镓	Ga	2.54	0.87	2.21
	镁	Mg	4.13	0.52	2.15
	锰	Mn	3.39	0.56	1.92
非关键金属 （Non - critical Metals）	硅	Si	1.82	1.05	1.50
	铋	Bi	1.68	0.73	1.23
	锶	Sr	1.08	1.13	1.22
	银	Ag	2.92	0.39	1.14
	汞	Hg	0.91	1.09	0.99
	铜	Cu	3.51	0.21	0.74
	砷	As	0.47	1.50	0.70
	碲	Te	2.84	0.24	0.68
	铟	In	1.94	0.35	0.67
	碳	C	0.89	0.76	0.67
	锌	Zn	2.57	0.26	0.67
	锑	Sb	1.25	0.50	0.63
	磷	P	1.24	0.44	0.55
	铝	Al	1.41	0.27	0.38
	铅	Pb	0.77	0.44	0.34
	金	Au	3.52	0.05	0.18
	镉	Cd	0.57	0.21	0.12
	钛	Ti	2.54	0.04	0.10
	铁	Fe	0.79	0.09	0.07
	硫	S	0.007 45	0.35	0.003

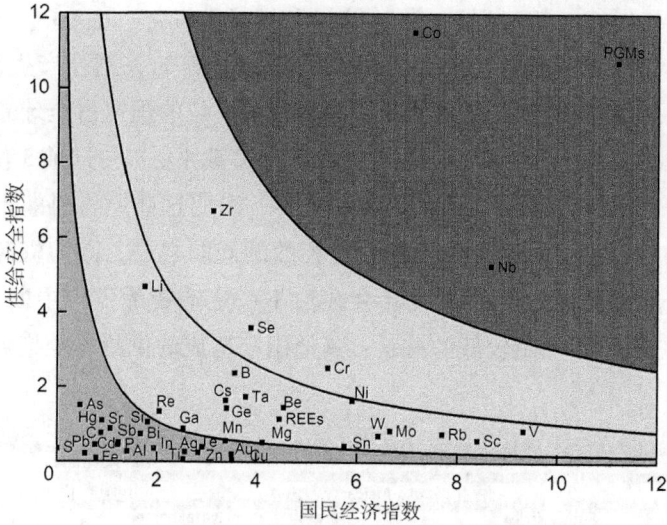

图 3.2　我国金属资源的二维关键性

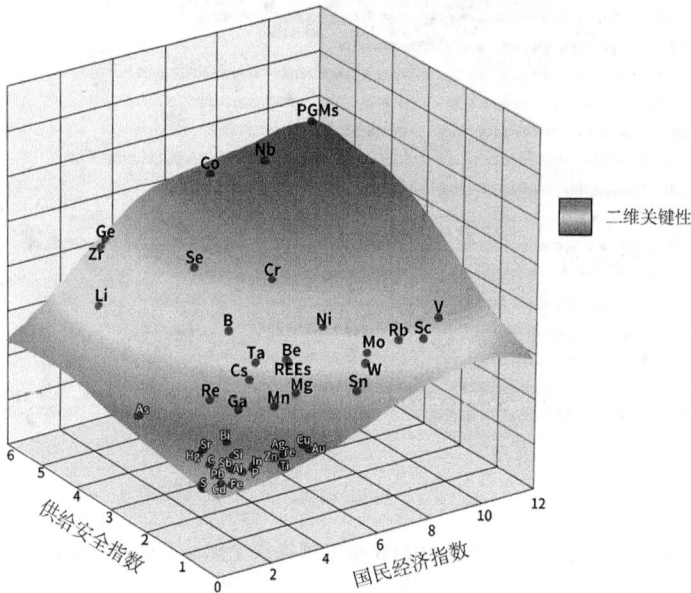

图 3.3　我国金属资源二维关键性的三维立体图

根据二维关键性的计算结果，被评为关键原材料的金属有 24 种，依次为铂族金属（PGMs）、铌（Nb）、钴（Co）、锗（Ge）、硒（Se）、铬（Cr）、锆（Zr）、镍（Ni）、锂（Li）、钒（V）、钼（Mo）、硼（B）、钽（Ta）、铯（Cs）、铼（Re）、镓（Ga）、铍（Be）、锰（Mn）、镁（Mg）、稀土元素

（REEs）、锡（Sn）、钨（W）、铷（Rb）和钪（Sc）。

全球金属资源产量供给的集中性也将对原材料的关键性产生重要影响，我们统计了2019年关键原材料的产量供给居前3位的国家占全球总产量的资源占比，如图3.4所示。从图3.4可以看出，关键原材料中居前3位国家的产量占世界总产量80%以上的原材料有11种，表明这些原材料的生产集中度高。过高的生产集中度是产生供给安全指数的问题之一，因为资源被评估为关键的一个因素是因政府政策或社会政治不稳定造成的供应中断的可能性，尤其对于中国储量/产量较低的材料，其他国家造成的供给安全指数将更加难以控制。

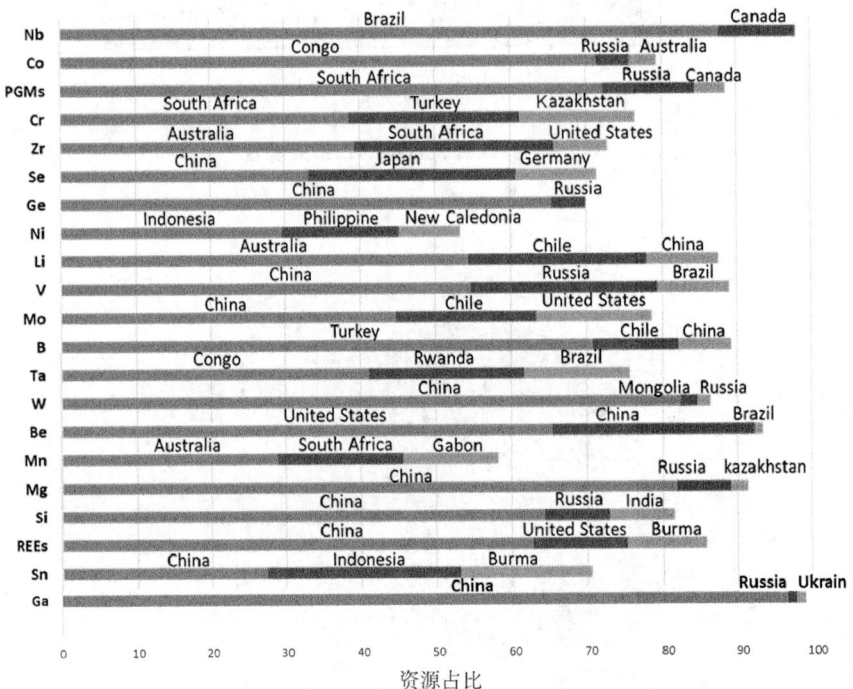

图3.4 关键原材料产量居前3位的国家在全球总产量的资源占比

根据以上原材料关键性的评价结果，将按关键性次序的色阶绘制于元素周期表中，可更直观更明确地得到不同元素原材料的关键性分布规律，具体如图3.5所示（见书末彩插）。下面将分别具体讨论各关键原材料的关键特性。

（1）铂族金属

铂族金属（PGMs）被视为贵重金属，价格较为昂贵。其中，Pt和Pb占

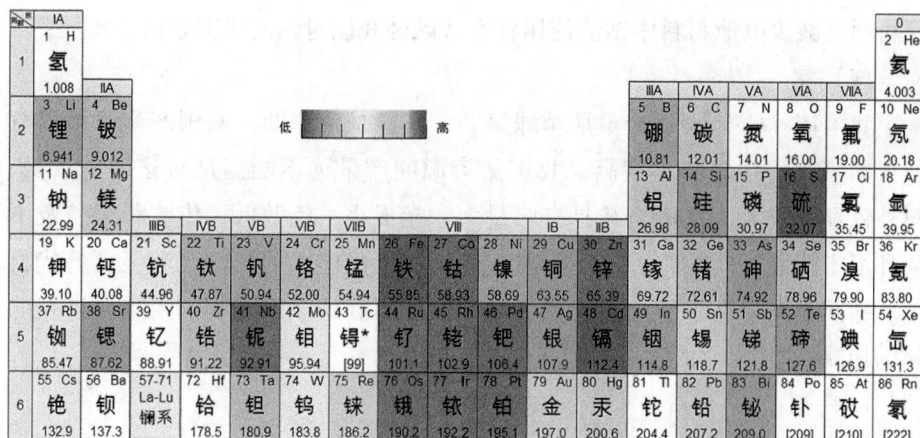

图 3.5　金属材料关键性在元素周期表中的色阶分布

PGMs 总量的 90% 以上。PGMs 凭借其在催化剂领域的广泛应用具有重要的商业价值，Pt 和 Pd 在催化剂中应用分别占其终端应用方向的 40% 以上和 80% 以上。除应用于汽车催化剂以外，还在燃料电池的质子交换膜中发挥着重要作用。而我国 PGMs 储量相当微小，产量仅不到全球的 1%。要发展以燃料电池为代表的新能源电池、减少材料中 PGMs 的应用、研发新的替代性材料是减小供给安全指数、降低成本的重点所在。

（2）铌

铌（Nb）主要以铌铁的形式用于钢铁生产，某些化合物制成高温合金用于超导材料工业，因此其产业链商业价值高。中国铌的储量丰富，居世界第 2 位，但铌的产量集中在巴西和加拿大，中国产量基本为零，因此国内铌的进口依赖性很大。铌的生产集中度高，生产大国的政策和经济稳定性对铌的供应影响很大。开发新的铌矿处理工艺，提高我国铌矿的利用率，增加铌的供给，减小对外依存度，研发新的替代性材料是缓解铌的供给安全指数的主要途径。

（3）钴

钴（Co）在我国主要应用于电池材料的制备，还有部分用于高温合金、硬质合金和磁性材料的合成，对我国新能源产业及制造业产业链有重要价值。国内钴的储量较小，钴的产量集中在刚果（金）、俄罗斯和澳大利亚，中国消耗的钴基本全部由国外进口，对外依存度大。钴的生产集中度高，刚果（金）等国的相关政策和经济稳定性的变化将带来钴供应市场的极大波动。随着新能源产业的不断发展，钴的供给安全指数问题将会愈加凸显。研发新的替代性材料、减少电池材料中钴的使用将有效减轻我国对钴的供需矛盾。

（4）锗

我国锗（Ge）资源产量居全球第一，其次是俄罗斯，两国产量占世界总产量的70%，生产集中度高。我国锗资源的产量远不能满足对锗的需求量，对外依存度较大。掺锗光纤具有容量大、光损小、色散低、传输距离长及不受环境干扰等优良性能，是目前唯一可以工程化应用的光纤，尚无可替代材料。锗回收率为30%，可进一步提高二次资源利用率以缓解国内未来潜在的锗的短缺风险。

（5）锆

我国锆（Zr）资源储量比较匮乏，储量仅占世界总储量的0.6%，中国产量约为世界产量的5%，国内消耗的锆基本依赖进口。锆的回收率基本为零，二次资源利用率低。为缓解未来国内锆的供给安全指数，可发掘新的替代性材料和研发二次资源回收工艺。

（6）硒

硒（Se）具有光敏性和半导体特性，常被用来制造光电池、感光器、激光器件、红外控制器、光电管、光敏电阻、光学仪器、光度计、整流器等，在我国电子工业中具有重要的商业价值。在钢铁中加入硒，可显著提高钢铁的机械和加工性能，因此，硒也广泛应用于我国钢铁冶金行业。硒的回收率基本为零，多伴生于国内铜的硫化矿中。虽然中国年产量占世界产量的1/3，但消耗量大，进口依赖性仍较大。未来为缓解国内对硒资源的供需矛盾，可致力于开发新的硒矿采选、冶炼技术和二次资源回收技术，提高国内硒产量和二次资源供应量。

（7）铬

90%的铬（Cr）应用于冶金行业制备不锈钢、合金钢和非铁合金，其余的用于制备耐火材料和铸铁，对我国钢铁制造业意义重大。而我国铬资源贫乏，产量极低，进口依赖性大。铬的回收率仅不到30%，二次资源供应较少。研发新的替代性材料，开发铬的资源化回收技术，提高铬的回收率是减小铬的供给安全指数的有效措施。

（8）镍

镍（Ni）主要应用于钢材、合金制造领域，在储能领域可用于NiMH电池、Ni-Cd电池、LIB等电池的电极活性材料生产，占其终端应用方向的16%。考虑到Co价格偏高，高Ni的三元LIB正极材料已研发成功，且广泛投入应用，使 Ni 具有更高的国民经济指数，对电池级化学品的需求也更大。但中国镍矿资源储量少，产量仅为世界 4%，远不能满足需要。研发新的替代性材料或提高二次资源的回收率可减小未来我国镍的供给安全指数。

(9) 硼

世界范围内土耳其、智利、中国三国生产的硼（B）约占世界总产量的 90%，生产集中度高，因此，主要供应国的政策及经济稳定性将对未来硼的稳定供应产生重要影响。目前二次资源中硼基本无法回收，主要依赖于硼矿生产。中国陶瓷和玻璃工业对硼酸消费量的增加，使我国成为全球硼矿产品的重要进口国。未来积极研发硼的替代性材料、开发硼的回收技术是缓解未来我国硼的供给安全指数的重点。

(10) 锂

目前在世界范围内，约有 66% 的锂（Li）用于锂离子电池的生产制备。我国作为锂离子电池产量的第一大国，虽然锂储量居世界第 1 位，但由于其位于盐湖卤水中 Mg/Li 比的问题难以提取，锂资源严重依赖进口。目前，市场上锂资源的回收率较低，应加强锂离子电池的回收管理，促进资源循环利用。为促进产业稳定发展，保障锂的持续供应，可加大盐湖锂资源的提取技术研发，推广应用三元正极材料等。

(11) 钒

钒（V）是炼钢的主要原料，主要来源于炼钢前钒渣的副产品，广泛应用于机械、汽车、造船、铁路、航空、桥梁、电子技术、国防工业等行业，对我国钢铁制造业具有重要价值。含钒钢具有强度高、韧性大、耐磨性好等优良特性，尚无低成本可替代性材料。中国、俄罗斯、巴西三国的产量约占世界总产量的 90%，生产集中度大。钒的工业化回收率基本为零，二次资源利用率低。钒氧化还原电池技术已成为新能源电池的关键性竞争技术，预计未来固定式储能市场将增加大规模储存能源（太阳能、风能）的钒氧化还原电池的应用，电池中钒的需求量可能会增加到 10 000 多 t。研发从一次及二次资源中新的清洁提钒工艺，提高国内钒资源的供应量，可满足未来钒的持续需求。

(12) 铍

金属铍（Be）的密度低，杨氏模量较钢高 50%，比弹性模量至少为其他金属的 6 倍，且具有高熔点、高比热、高热导率和适宜的热膨胀率等优异性能，广泛应用于核工业、武器系统、航空航天工业、X 射线仪表、电子信息系统、汽车行业、家用电器等领域，目前，尚未有合适的可替代性材料。Be 的产量 90% 以上集中在美国、中国、巴西三国，生产集中度高，主要供应国的政策及经济稳定性将对未来 Be 的稳定供应产生重要影响。积极探索新的替代性原料、关注世界铍市场技术发展方向将是保障未来我国铍需求的关键。

（13）钽

中国是世界上铌、钽（Ta）等稀有金属矿产资源丰富的一个国家，但产量仅为世界产量的 6%，我国钽资源大部分还需从国外进口，对外依存度大。钽的回收率为 30%，二次资源供应量小。建立钽矿及二次资源高效回收新方法可有效降低未来我国钽资源的供给安全指数。

（14）稀土元素

稀土元素（REEs）具有良好的光、电、磁等物理特性，用于各类新材料中可提升新材料性能，主要应用于催化剂、磁体及电池、涡轮叶片、汽车牵引电机等储能方向，由于特性优良尚未发现有低成本可替代的原材料。虽然我国稀土储量居世界第 1 位，但却以消耗自身的资源供应了 80% 以上的世界需求，导致储量在过去 30 年间减少了 40% 以上，其价格受国外控制严重。未来我国发展新能源产业需要进一步落实稀土限制政策，促使稀土产业协调发展。

（15）铷

铷（Rb）易于离子化，可应用在离子推进火箭、磁流体发电、热离子转换发电等方面。含铷特种玻璃是当前铷应用的主要市场之一，已广泛应用于光纤通信和夜视装置等方面。此外，铷化合物和合金是制造光电池、光电发射管、原子钟、电视摄像管和光电倍增管的重要材料。据市场数据显示，铷的价格昂贵，具有重要的经济价值。基于其在以上应用中的特殊性能，目前尚无低成本的替代性材料。

（16）钼

钼（Mo）主要应用于钢铁工业，钼作为钢的合金元素可提高钢的强度和韧性、耐腐蚀性、耐磨性，改善淬透性、焊接性和耐热性，占钼总消耗量的 80% 左右，且尚未发现有可替代性材料，对我国的钢铁制造业具有重要的经济价值。二氧化钼是一种良好的固体润滑剂，它的摩擦系数低，屈服强度高，能在真空和各种超低温、高温下正常使用，被广泛应用于燃气轮机、齿轮、模具、航空航天、核工业等领域。钼的化合物是用途最广的催化剂之一，被广泛应用于化学、石油、塑料、纺织等行业。积极探索新的替代性材料、开发钼的资源化处理技术是降低未来钼资源供给安全指数的有效措施。

（17）铯

铯（Cs）主要用于航空航天等国防军事领域。其次，用铯作为主要感光材料制造的光电管，使用光波范围广、灵敏度高、性能稳定。在离子发动机、磁流发电机、热电换能器及超临界蒸气发电系统等方面都用到铯，铯原子钟的准确度已经达到 500 万年误差仅 1 s 的水平。据市场数据显示，铯的价格极其昂贵，具有重要的经济价值。此外，全球范围内的铯主要集中在加拿大和津巴布韦，生产集中度高，因此，主要生产国的政治经济稳定性及相关政策的波动将极大影响全球铯市场的供应可持续性。由于铯在其用途中的特殊性能，目前尚无可替代性材料。未来可积极探索铯的资源化回收技术、寻找低成本可替代材料以缓解潜在的供给安全风险。

（18）钪

钪（Sc）主要应用于照明材料钪钠灯、太阳能光电池和 γ 放射源中。单质钪被大量用于铝合金的掺杂，如高强高韧铝合金、新型高强耐蚀可焊铝合金、新型高温铝合金、高强度抗中子辐照用铝合金等，钪钛合金和钪镁合金为高熔点轻质合金，在航天、航空、舰船、核反应堆，以及轻型汽车和高速列车等制造业方面具有十分可观的开发前景。据市场统计数据显示，钪的价格昂贵、经济价值高。未来可进一步优化钪的资源化技术，提高钪资源的回收率。我国是钪资源主要生产国，但仍需实时关注钪的国际市场，以保证我国钪在国际市场中的地位与发展前景。

（19）钨

钨（W）可提高钢的强度、硬度和耐磨性，被广泛应用于各种钢材的生产，是重要的合金元素。钨的碳化物具有高耐磨性和难熔性，被用于制备硬质合金，具有重要的商业价值。钨主要集中在中国、蒙古和俄罗斯，3 个国家的产量占世界总产量的 85% 以上，生产集中度高。目前，我国钨资源产量居世界第 1 位，除满足国内需求外还应满足其他各国的需求，因此，应着重关注市场需求和技术发展方向。

（20）铼

铼（Re）是一种稀有难熔金属，不仅具有良好的塑性、机械性和抗蠕变性能，还具有良好的耐磨损、抗腐蚀性能，可在空气中稳定存在。铼及其合金被广泛应用到航空航天、电子工业、石油化工等领域。铼的全球储量很少，且价格十分昂贵，具有重要的经济价值。由于其独特的性能，目前尚无合适的可替代性材料。未来可积极研发铼的替代性材料，开发铼的资源化利用技术，以应对可能出现的供应危机。

（21）锡

锡（Sn）具有质地柔软、熔点低、展性强、塑性强和无毒等优良特性，主要用于制造焊锡、镀锡板、合金、化工制品等，被广泛应用于电子、信息、电器、化工、冶金、建材、机械、食品包装、原子能及航天工业等，具有重要的经济价值。随着经济的发展，其应用领域还将不断扩大，需求将继续增加。中国是世界上锡矿资源丰富的国家之一，锡产量占全球总产量的28%，居世界首位，但仍需从国外进口。锡的回收率不足30%，二次资源供应量低。未来应重点布局原矿及二次资源中提锡新工艺的研发以避免我国可能出现的供应危机。

（22）镓

镓（Ga）是一种低熔点、高沸点的稀散金属，有"电子工业脊梁"的美誉。镓的化合物是优质的半导体材料，被广泛应用于光电子工业和微波通信工业，用于制造微波通信与微波集成、红外光学与红外探测器件、集成电路、发光二极管等。镓也被应用到太阳能电池的制造中，该电池具有良好的耐热、耐辐射等特性，光电转换率非常高。镓还应用于合金、医疗器械、磁性材料等领域，且其市场价格高，具有重要的经济价值。我国的镓产量居世界第1位，占全球总产量的96%，除供应国内需求外，还大量出口国际市场。镓的生产集中度高，我国的市场和政策波动将直接影响镓的全球市场供需现状。目前镓的回收提取率低，未来可重点开发并形成成熟的镓资源化回收工艺。

（23）镁

镁（Mg）合金具有良好的轻量性、切削性、耐蚀性、减震性、尺寸稳定和耐冲击性，远远优于其他材料。因此，镁合金广泛应用于交通运输、电子工业、医疗、军事工业等重要国民经济领域，具有重要的经济价值。尤其在3C产品［计算机类（Computer）、消费类电子产品（Consumer Electronic Product）、通信类（Communication）］、高铁等新型战略行业具有良好的应用前景和巨大的应用潜力，未来对镁的需求将会持续增加。目前，我国的镁产量居世界首位，可以满足国内对镁资源的需求，未来应密切关注镁国际市场及技术发展趋势，以保障镁的持续供应。

（24）锰

90%的锰（Mn）用于炼钢炼铁中，在冶炼过程中加入少量的锰不但能够改善冶炼的操作和加工，还能改善生铁的性能，锰在炼钢中的主要作用是脱氧、脱硫和作为合金元素。因此，锰对我国的钢铁制造业具有重要的经济价值，且有独特的优异性质，尚未发现可替代的原材料。中国锰矿资源储量较多，分布广泛，但产量较小，对外依存度大。未来可开发从原矿提锰的清洁工艺以增大锰产量，或发掘可替代的原材料以缓解我国的潜在的锰资源供应危机。

3.4　金属资源环境风险指数分析

根据前面列出的金属资源的环境风险指数的评估方法，对不同材料的环境风险指数进行计算，结果如图 3.6 所示（见书末彩插）。

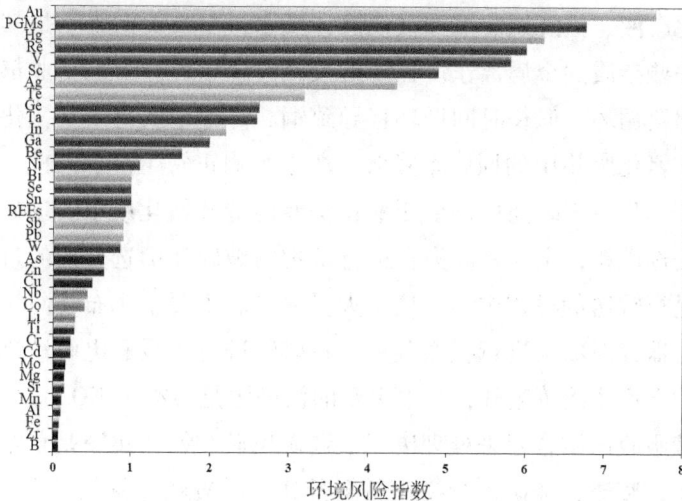

图 3.6　金属资源的环境风险指数

图 3.6 是根据金属原材料的自身毒性特性、三废排放影响和环境绩效指数（环境可持续性和当前环境表现）计算得到的金属资源环境风险指数的定位。金属资源的关键性要综合供给安全指数、国民经济指数和环境风险指数三者的共同影响，单一的某个影响因素并不能决定原材料的重要性。图 3.6 中黄色的为环境风险指数很高但非关键的金属，红色的为环境风险指数很高且关键的金属，蓝色的为环境风险指数较低且非关键的金属，绿色的为环境风险指数中等但关键的金属。下面将结合我国国情对环境风险指数较高的各金属原材料的污染防治现状进行具体分析。

(1) 金

由于金（Au）矿资源的大规模开采，易选冶金矿日趋减少，高硫、高砷难处理金矿成为目前主要的选冶矿石，处理该类金矿石时会产生大量含硫、砷等废气和废液。目前，氰化提金仍是黄金生产企业提金的主流工艺，但该工艺在生产过程中会产生大量的含氰废水和氰化尾渣。根据《工业污染源产排污系数手册》统计，每生产 1 t 黄金产品所排放的工业废气量为 474 万 m^3，工业废水量为 1485 t，冶炼废渣为 1.33 万 t，这些污染物给人类健康和生存环境带来了严重威胁。

黄金冶炼废水的来源是在湿法冶炼的酸浸除杂等工序产生的，主要的污染物是酸性污染物。一般采用碱将废水中的残酸中和掉，并将废水中的金属离子进行脱离清除。处理后的水重新投入矿业生产中重复利用。氰化废水主要包含氰化废液、氰渣压滤液和其他液体废水，主要的污染物是其中含有的氰化物和一些杂质的金属离子。在现阶段，大多数黄金冶炼企业都是将氰化废水进行闭路循环，但长时间循环将导致铜、锌等金属物质在氰化废水中累积，使金在氰化废物中的回收率降低，严重影响正常生产。因此，当铜、锌等金属离子累积一定时间后需要用酸化法专门清理氰化废水。选矿过程中会产生大量的选矿粉，主要是因为在进行矿物的破碎和筛选分离的过程或者是利用皮带进行输送的过程中，产生了大量粉尘。主要采用布袋除尘器或者是文丘里除尘器，对粉尘进行拦截收集。在矿物进行预浸和电解液制备等生产冶炼过程中会产生冶炼废气，其中主要的污染源是酸雾和 NOx 废气，通常将氧化与碱液吸收法结合起来处理废气。选矿尾矿和氰化尾渣是黄金生产过程中主要的固体废渣，金矿进行氰化浸出得到的尾渣就是氰化尾渣。由于工艺限制，氰化尾渣中金银铜锌等可回收资源目前未能得到很好的利用。

(2) 汞

汞（Hg）是毒性最大的重金属元素之一，已被美国环保署列为优先控制的污染物之一。其积累效应和遗传毒性显著，具有很强的神经毒性和致畸性。燃煤和有色金属冶炼是我国两个最大的人为汞释放源，长期大规模矿产开采、有色金属冶炼、氯碱工业对汞的大量需求，以及燃煤发电等行业的持续排放，导致我国大部分地区大气、土壤和水环境中的汞含量普遍偏高。我国大气中汞的年均沉降值大于 70 $\mu g/m^3$，是全球大气汞污染的重灾区。中国是目前世界上为数不多的仍在开采汞矿的国家之一，一定时期内汞仍将在工业生产中持续使用。聚氯乙烯（PVC）生产行业是中国最大的用汞行业，大部分 PVC

生产采用乙炔法工艺，该过程需要使用大量的含汞触媒（许多国家已经采用以石油和天然气为原料的乙烯法工艺，而不使用汞触媒）。

我国的水体汞污染主要是涉汞工业（矿山、化工、化纤、化肥、农药、冶金、仪表、颜料）废水的排放；土壤中汞的来源包括大气汞的干湿沉降、污水灌溉、污泥堆肥、有机汞农药使用、含汞废弃物的堆放及人类工农业生产活动。中国汞污染排放量大面广，局地污染严重，急需进行汞污染治理。基于我国目前汞污染现状及各地治理差距，结合各行业发展现状及趋势，汞污染防治建议的切入点如下：①加大无汞及低汞替代技术研发，推进无汞绿色经济；②推进重点行业污染控制，促进全面汞减排；③建立完善的含汞废物回收及处理处置体系，全面实现汞减排；④建立公开、透明的动态国家汞排放和转移清单，实现全过程汞及相关风险管理；⑤调动企业减排积极性、建立减排长效机制；⑥加强国际交流与合作，共同实现汞减排。

（3）铼

铼（Re）及铼合金的特殊性能使其应用非常广泛，成为国防、航空航天、核能及电子工业等现代高科技领域极其重要的新材料，特别是应用于航空航天领域的火箭、各类空间返回舱、卫星发动机等的超耐热部件和次耐热部件。由于铼的特殊用途，各国对铼的研究和开发应用均处于保密状态，相关材料和文献稀少，此处铼的环境风险指数的计算参考耶鲁大学 T. E. Graedel 教授及其团队的相关结果。结果表明铼的开发及生产过程中产生的环境风险指数较大，需重点关注过程中的污染防治相关措施。

（4）钒

钒（V）渣是提钒的主要原料，占据了全球钒产能的 80%。钠化焙烧—水浸—酸化铵沉是国内外应用最广泛的提钒技术，占全球钒产能的 60%。该工艺以 Na_2CO_3、Na_2SO_4、NaCl 等钠盐为添加剂，在 750～850 ℃氧化焙烧将钒渣中低价态的钒转化为水溶性五价钒的钠盐，焙烧熟料水浸后得含钒液，后经铵盐沉钒得到钒酸铵，钒酸铵煅烧即得五氧化二钒。钒渣钠化焙烧提钒工艺成熟，具有操作简单、产品质量稳定等优势，但钒转化率低，过程污染较严重，具体表现为：①钒收率低。焙烧过程钠盐与钒渣中硅形成低熔点物质造成钒的包裹，导致平均钒收率仅为 80%，部分钒企采用两段焙烧以提高钒收率。②有害窑气。高温焙烧过程中钠盐分解产生 HCl、SO_2 及 Cl_2 等有害窑气，污染大气。③高钠尾渣。钠盐焙烧后的尾渣中 Na_2O 含量通常高达 6%，Na 是高炉冶炼的有害元素，因此，尾渣难以返回高炉配矿炼以实现 Fe 资源化利用，只能堆存处理，污染环境。④高盐氨氮废水。沉钒后得到含 Na^+、NH_4^+ 及 SO_4^{2-} 的混合溶液无法返回利用，只能蒸发处理，但吨钒产品的废水产生量高达 30~40 t，蒸发能耗高，成本占总成本的 15%~20%。蒸发后得到的 Na_2SO_4／$(NH_4)_2SO_4$ 混合晶体分离提纯困难，堆放处理构成潜在的环境威胁。废水问题已成为制约钒产业健康可持续发展的瓶颈。

（5）钪

目前，我国钪（Sc）生产主要集中在生产钛白粉的硫酸废液和钛生产过程中氯化烟尘的回收，其次是从选钛尾矿、钨矿渣、稀土矿中提取。钛白粉生产过程是钛精矿经过浓硫酸酸解，使钛进入溶液，钛精矿中的钪也同时有 70%~80% 以 Sc^{3+} 形式进入溶液，其余部分在硫酸亚铁结晶和钛白水解的洗涤尾液中流失。钛白母液中含量是 10~25 mg/L。尽管钛白水解母液中钪含量很低，但由于作为废酸的钛白母液排放量很大，若能回收利用其中的钪，回收总钪量是相当可观的。要使微量的钪富集，需采取先萃取后除杂的工艺路线。某厂采用萃取剂协同萃取初期富集钪，NaOH 反萃，盐酸溶解，再经萃淋树脂萃取色谱分离净化钪，最后经草酸精制得纯度大于 99.9% 的 Sc_2O_3。此工艺流程中会产生萃取剂、酸液、碱液等大量工业废水。另一种从氯化烟尘中提取钪的工艺为：含钛矿物作为原料，在电弧炉中熔炼制得高钛渣，钪则以 Sc_2O_3 的形式进入高钛渣中。高钛渣在进行高温氯化生产 $TiCl_4$ 时，钪同时被氯化为 $ScCl_3$，以烟尘的形式被捕收于集尘器中。于是钪在氯化烟尘中得到明显的富集，其含量可达 400~1200 μg/g，氯化烟尘是一种很好的提钪原料。采用盐酸水溶液作为氯化烟尘浸出介质浸取钪，得到含钪的盐酸浸出液后过滤处理。此流程也将产生大量含酸废液，需企业进一步处理以减少环境风险指数。

（6）银

目前，企业主要采用火法银（Ag）冶炼工艺。银泥烘干后经转炉熔炼，利用氧化还原原理使银得到初步提纯生成合金板，生成的合金板后续用于电解。转炉熔炼过程中产生的大量灼热烟气经管道冷却，待气温 ≤110 ℃后进入布袋脉冲式除尘，收尘后尾气经二级碱液喷淋吸收塔吸收。电解生产的银粉中含有大量母液，需洗涤除杂以保证银粉质量。产生的废电解液经活化处理使其中的铜、铅、铋等杂质沉淀，使电解液反复循环使用。

（7）碲

铜电解精炼所得的阳极泥是碲（Te）的主要来源，通常这种阳极泥含碲 2%~10%，绝大多数以 Ag_2Te、Cu_2Te、Au_2Te 等形式存在。不同铜冶炼厂采用的铜原料不同，铜阳极泥的碲含量也存在较大差异，大多数含量均在1%左右。目前，从阳极泥中富集碲的方法主要有碱浸法、苏打造渣法和氯化法提硒碲。碱浸法将消耗大量苛性钠，产生大量苛性钠废液。苏打造渣法流程复杂，成本过高；氯化法提硒碲用卤化冶金法从含硒、碲阳极泥中回收硒和碲的过程，所用氯化剂主要有氯化物、盐酸等，有火法和湿法两种氯化方法。这是一种从含硒、碲阳极泥中综合回收硒、碲及贵金属的实用方法。火法氯化工艺流程简短，硒和碲挥发率高达约99%，但对设备的防护要求高，释放废气造成大气污染。湿法氯化过程较易控制，易于投产，对环境污染程度轻，硒和碲回收率也可达98%～99%，且可同时综合回收其他有价金属。但湿法提取过程会产生大量盐酸废液，增加环境负荷。

（8）锗

目前，锗（Ge）厂所采用的原料有煤燃烧产出的含锗烟尘、重有色金属冶炼过程中回收的锗精矿和半导体器件生产中产出的含锗废料等。锗精矿制取有火法、湿法和联合流程，根据不同的原料选定。从煤中提锗采用火法富集；从重有色金属冶炼过程中回收锗采用湿法处理富集；从半导体器件生产中产出的含锗废料，经预处理后直接加入金属锗制取过程中。火法富集流程短、无腐蚀，但回收率低；湿法处理回收率高、精矿品位亦高，但流程长、化工试剂耗量多。

锗的制取第一步是从重有色金属冶炼过程回收锗的富集物。如果原料的品位不高，为了节约成本，一般要先进行富集才能进行生产。目前，国内以回转窑富集方法的较多，用煤生产锗的一般用煤发电，回收布袋尘、旋风尘，再进行富集得到要求的品位。金属锗制取主要包括化学处理及精制、还原制取金属锗和物理提纯。先将锗的富集物用浓盐酸氯化，制取四氯化锗，再用盐酸溶剂萃取法除去主要的杂质砷，然后经石英塔两次精馏提纯，再经高纯盐酸洗涤，可得到高纯四氯化锗，用高纯水使四氯化锗水解得高纯二氧化锗。一些杂质会进入水解母液，所以水解过程也是提纯过程。纯二氧化锗经烘干煅烧，在还原炉的石英管内用氢气于650～680℃还原得到金属锗。此工艺流程中产生盐酸酸液和有机萃取剂废液都需妥善处理，否则会对环境产生较大的潜在风险。

（9）钽

目前，国内外铌钽（Ta）冶金大多采用高浓度氢氟酸（55%）或高浓度氢氟酸－浓硫酸分解矿石、清液或矿浆萃取分离铌钽的工艺处理铌钽矿物或其他含铌钽的原料。该方法经几十年的发展已非常成熟。现有工艺研究大多集中于后续产品质量的提升及高附加值产品的开发方面，如提高钽粉的比电容值，制备比表面积大、纯度高的优质电容器用钽粉，以及开发草酸铌、乙醇钽、乙醇铌等新产品。但铌钽原料氢氟酸分解工艺和铌钽溶剂萃取分离工艺所固有的一些问题一直未得到完美的解决。例如，氢氟酸分解法会产生大量的含氟废气、废水和废渣，环境污染严重。近年来，针对氢氟酸法所产生的严重环境污染问题，国内外一些钽铌生产厂家对氢氟酸分解工艺进行了部分改进，以减少氟污染。例如，德国 H. C. Starc 公司通过集中研究改进湿法工艺内部循环途径，以减少 H_2SO_4 等化学原材料的消耗和废渣的数量，并且回收各种废料液中的 HF、NH_3 和 MIBK；在分解工艺中不使用 H_2SO_4 或严格控制 HF 和 H_2SO_4 的使用，而分解所产生的残渣用来生产 $CaSO_4$、CaF_2 或作为其他化学原材料，以减少原料投入和废渣的产生。美国专利提出真空蒸发回收残液中游离 HF 方法。我国株洲硬质合金提出冷凝＋淋洗的氢氟酸回收工艺，效果较好。但上述方法均属于末端治理，代价较大，且未能彻底解决氟污染问题。另外，在将铌或钽的氟化物转化为氢氧化物的过程中需加液氨，由此将产生大量氨氮废水，氨氮废水的处理费用较高。铌钽冶炼属于高污染性行业，研究开发资源可持续利用的绿色冶金工艺方法和技术，发展清洁生产和环境友好生产工艺，特别是寻找新的化学反应方法，使用新的原材料，开发氢氟酸体系以外的新的铌钽分离工艺，是铌钽行业发展重要的努力方向。

（10）铟

目前生产的大多数铟（In）都是从铅、锌、铜、锡等矿石冶炼过程中回收的副产品。在从较难挥发的锡和铜内分离铟的过程中，铟多数富集在烟道灰和浮渣内，在从挥发性的锌和镉中分离铟时，铟富集于炉渣及滤渣内。我国生产铟主要是从铅、锌冶炼的副产品中提取。随着铟生产技术的不断改进，原料来源也呈现多元化的趋势，钢厂烟灰、铜冶炼渣、铅冶炼渣都开始成为提炼铟的原料。目前，铟生产的主要提取工艺和主流提取工艺技术就是萃取－电解法。其原则工艺流程是：含铟原料→富集→化学溶解→净化→萃取→反萃取→锌（铝）置换→海绵铟→电解精炼→精铟。在铟的提取工艺中，会产生大量的含碱废液，萃取过程分离出的有机萃取溶剂都会对环境产生危害。

（11）镓

镓（Ga）主要是作为从铝土矿中提取铝或从锌矿石中提取锌时的副产物，也有少量镓来自煤中伴生元素镓的回收。目前，世界上90%以上的原生镓都是从生产氧化铝的种分母液中提取的。汞齐电解法以汞为阴极，电解含镓溶液获得镓汞齐，然后从镓汞齐中回收镓。含镓溶液可以是氧化铝生产的含镓循环铝酸钠碱液，也可以是铅电解或锌电解的含镓酸性溶液。我国从碱石灰烧结法生产氧化铝的循环铝酸钠碱液中提取镓，该方法的优点是工艺、设备均比较简单，投资低，在回收纯度较高的金属镓的同时还可以回收钒。但由于该方法使用有剧毒的汞，环境危害大，已被多国禁用。石灰乳法的原理是用石灰乳处理氧化铝生产的循环铝酸钠溶液，使镓与铝分离，然后回收富集的镓。这种方法的优点是能从镓浓度低的循环铝酸钠溶液中回收镓，缺点是使循环碱液中的 NaOH 转化为 $NaHCO_3$ 及 Na_2CO_3，需要使用大量石灰苛化后才能返回氧化铝生产流程。溶剂萃取法所用的萃取剂昂贵且萃取剂长期与强碱性铝酸钠溶液接触，溶解损失较大，溶解于种分母液中的萃取剂对后序工艺中的电解也有不利影响。

（12）铍

目前，世界上从矿石中提取氧化铍（BeO）的仅有中国的水口山六厂、美国的布拉什威尔曼公司和哈萨克斯坦的乌尔宾斯基冶金工厂等为数不多的数家企业，主要的生产方法为硫酸法和氟化法。硫酸法仍是现代氢氧化铍与氧化铍生产中广泛应用的方法之一，其原理是利用预焙烧破坏铍矿物的结构与晶型，再采用硫酸酸解含铍矿物，使铍、铝、铁等酸溶性金属进入溶液相，与硅等脉石矿物初步分离，然后将含铍溶液进行净化除杂，最终得到合格的氧化铍（或氢氧化铍）产品。硫酸法流程会产生大量硫酸废液需处理。氟化法建立在铍氟酸钠能溶于水，而冰晶石不溶于水的原理之上。将绿晶石与硅氟酸钠混合，于 750 ℃下烧结 2 h，烧结块经湿磨后，室温下 3 次用水浸出。不需净化，直接加氢氧化钠沉淀出氢氧化铍，过滤氢氧化铍后的滤液中含有 NaF 需进行回收，先用硫酸调节滤液的 pH 值至 4，在不断搅拌的情况下加入硫酸铁，以得到六氟铁酸钠。氟化法的流程比较简单，防腐蚀条件好，并且还适合处理含氟高的原料，但产品质量稍逊于硫酸法。该法处理低品位矿时，除辅助剂耗量增加外，钙和磷的增加将降低烧结料中水溶铍的含量，影响回收率，且三废处理时还带来氟处理的问题。

（13）镍

镍（Ni）矿石主要分硫化铜镍矿和氧化镍矿，两者的选矿和冶炼工艺完全不同：根据硫化铜镍矿矿石级别选用不同的选石方法，再进行冶炼；氧化镍矿的冶炼富集方法，可分为火法和湿法两大类。硫化铜镍矿石的选矿方法，最主要的是浮选，而磁选和重选通常为辅助选矿方法。由于地球上硫化镍矿资源量较少，因此，氧化镍矿（红土镍矿）提取镍金属逐步成为世界提取镍金属的主流。红土镍矿的主要提取工艺主要有两种：湿法冶炼和火法冶炼。湿法冶炼的冶炼工艺又可分为氨浸工艺、高压酸浸工艺、还原焙烧–酸浸工艺和硫酸化焙烧–水浸工艺。湿法冶炼工艺的优点是能耗低、污染少、工艺成熟，缺点是工艺投资大、周期长、工艺复杂、成本较高而售价较高、市场竞争能力弱。火法冶炼根据还原熔炼设备又可分为电熔炉熔炼和鼓风炉熔炼两种，较大生产规模的工厂大都采用电炉熔炼，小厂则采用鼓风炉熔炼。火法工艺能耗高，金属综合回收效果差，成本与湿法冶炼成本相当，属于传统的处理方法。从长远发展来看，随着湿法冶炼技术、设备的进步和规模的扩大，湿法冶炼发展前景较为乐观。

（14）铋

铋（Bi）的冶炼分粗炼和精炼两个步骤。粗炼的方法因原料而异：①以硫化铋精矿、氧化铋和铋的混合矿、氧化铋渣及氯氧化铋等作为炼铋原料时，采用混合熔炼法，配入适量的铁屑、纯碱、萤石粉、煤粉等，在反射炉中进行混合熔炼，得到粗铋，送去精炼；②以铅的火法精炼过程中产生的钙镁铋浮渣为原料时，先将浮渣加热，使其中所含的铅下沉取出，继续加热熔渣，熔化后，加入氯化铅或通入氯气，以除去钙和镁，得到富含铋的铅铋合金，再送精炼。精炼一般包括氧化除砷锑碲、加锌除银、氯化除铅锌、高温除氯 4 个步骤。在铋的粗炼和精炼过程中，均会生成大量工业粉尘及废气，需进行布袋收尘或喷淋处理，以防有害废气无组织排放至大气中。

（15）硒

有色金属冶金工业中，提取硒（Se）的主要原料为电解产出的阳极泥，其中居于首位的是铜电解的阳极泥，约占原料来源的 90%，其次是镍和铅电解的阳极泥。此外，有色冶炼与化工厂的酸泥（从烟气中回收得到的尘泥或淋洗泥渣）也富含硒，也可作为硒提取的原料。目前，世界上约半数的阳极泥采用硫酸化焙烧处理。该方法的优点主要有以下几点：①物料呈浆状，操作过程中机械损失较少；②可以回收提硒残渣中的碲，回收率大于 70%；③在硫酸化焙烧过程中，由于不形成硒酸盐或亚硒酸盐，因此，还原硒时不需另加盐酸，比较经济；④不发生硒及其化合物的升华，烟气量少，减少了硒的毒害；⑤适宜于对含贵金属及铜、镍、铅、铋多的阳极泥综合利用。目前，硒的提取工艺主要分为火法提硒和湿法提硒。火法提取硒工艺由于对原料的适应性强、操作简单，在工业生产中得到了广泛的应用，已经成为一种传统的提取硒的工艺，在相当长的一段时间内，火法提硒成为从铜电解阳极泥中提取硒的主导工艺。但火法提硒工艺也存在一些问题，如烟气量大、易于产生 SO_2 和 SeO_2 等有毒气体、能耗高等，严重影响其进一步推广应用。而湿法提硒工艺则具有能耗低、清洁环保、生产成本低等优点，因而湿法提硒工艺将逐渐替代火法提硒工艺，成为提取硒的主导工艺。

(16) 锡

中国是世界上最大的锡（Sn）生产国，锡产能布局具有地域高度集中的特性，且主要分布在几大生产企业，其他数量众多的中小企业产能仅占30%。锡行业的整体技术装备水平不高，我国目前常用的粗锡冶炼工艺有反射炉工艺、电炉工艺和 TSL 技术。反射炉工艺由于能源利用率低、环保水平差、劳动强度高等缺点，已处于被淘汰的边缘，很难有生存空间；电炉工艺在处理高锡低铁锡精矿时优势明显，但仍需加强自动化水平和安全生产措施建设，受处理原料品质的限制其很难广泛推广；TSL 技术是现今最先进的粗锡冶炼工艺，具有熔炼效率高、强度大、物料适应性强、环保、自动化水平高等优势，尤其适合万吨规模以上的大型企业。结合我国锡冶炼企业产能集中、数量众多的现状，其推广主要受投资和技术费用高昂的影响。据《工业污染源产排污系数手册》公布的数据，锡精矿在还原熔炼 – 硫化挥发工艺处理过程中，生产每吨产品将排放 3.87 万 m^3 废气、1.65 t 废水、1.05 t 工业固废。

(17) 稀土元素

由于稀土元素（REEs）根据矿物特点可以分为铈组和钇组，所以稀土矿物开采、冶炼、分离过程也相对统一。稀土矿的选矿一般采用浮选法，并常辅以重选、磁选组成多种组合的选矿工艺流程。稀土冶炼方法有两种：湿法冶金和火法冶金。火法冶金工艺过程简单，生产率较高。稀土火法冶炼主要包括硅热还原法制取稀土合金、熔盐电解法制取稀土金属或合金、金属热还原法制取稀土合金等。火法冶金的共同特点是在高温条件下生产，会释放大量工业废气。稀土湿法冶金属化工冶金方式，全流程大多处于溶液、溶剂之中，如稀土精矿的分解、稀土氧化物、稀土化合物、单一稀土金属的分离和提取过程就是采用沉淀、结晶、氧化还原、溶剂萃取、离子交换等化学分离工艺过程。现应用较普遍的是有机溶剂萃取法，它是工业分离高纯单一稀土元素的通用工艺。湿法冶金流程复杂，产品纯度高，该法生产成品应用面广阔。据《工业污染源产排污系数手册》公布的数据，包头混合型稀土矿经硫酸焙烧—萃取转型—萃取分离工艺冶炼过程中，生产每吨产品所排放的废气为 15.77 万 m^3，废水为 78.82 t，工业固废为 2 t，这些三废的排放将会给环境带来较大风险。

（18）锑

锑（Sb）对人体及环境生物具有毒性作用，甚至被怀疑为致癌物，锑及其化合物已经被许多国家列为重点污染物。锑的生产方法主要有湿法炼锑和火法炼锑。湿法炼锑既能处理单一的含锑原料，又能处理多金属的复杂矿，如锑金矿、铅锑矿、锑球矿、硫化－氧化混合矿，以及铜、铅精炼过程的阳极泥，冶炼厂含锑烟尘等。湿法炼锑包括碱性湿法炼锑和酸性湿法炼锑两种。碱性湿法炼锑主要由锑的浸出和电积或氧化沉淀两个工序所组成。前者使锑溶解于溶剂中，后者是将所得的溶液通过电解产出金属锑或通过氧化沉淀产出锑酸钠。目前碱性湿法炼锑所用浸出剂主要是硫化钠和苛性钠的混合溶液。硫代亚锑酸钠溶液的电积法分为隔膜电积法和无隔膜电积法。电积法产出的阴极锑质量好、杂质少，容易精炼成一级品。酸性湿法炼锑采用酸性溶剂作浸出剂，由于盐酸作溶剂时会伴随析出硫化氢有害气体，很多专利提出采用三氯化铁作为浸出剂，也有专利利用五氯化锑作浸出剂。浸出所得的三氯化锑溶液，用隔膜电积或铁置换产出金属锑，或进行水解生产锑白。锑的火法制备工艺主要包括挥发焙烧－还原熔炼和挥发熔炼－还原熔炼法。挥发熔炼－还原熔炼法为鼓风炉挥发熔炼，通常用于处理含锑 30% ~50% 的硫化锑矿或混合矿，并可处理泡渣、生锑渣等炼锑的中间产物。处理粉矿时，须先制团或制粒。此法对原料适应性强，除产出氧化锑外，还产出少量粗锑和锑锍，能富集贵金属有利于回收。废渣含锑 0.8% ~1.4%，烟气含二氧化硫 0.3% ~0.8%，经处理达到标准后排放。据《工业污染源产排污系数手册》公布的数据，锑精矿在挥发熔炼－还原熔炼工艺处理过程中，生产每吨产品将排放 6.11 万 m^3 废气、56.5 t 废水、1.15 t 工业固废。

（19）铅

炼铅（Pb）原料主要为硫化铅精矿和少量块矿。铅的冶炼方法有火法和湿法两种，目前世界上以火法为主，湿法炼铅尚处于试验研究阶段。火法炼铅基本上采用烧结焙烧－鼓风炉熔炼流程，占铅总产量的 85% ~90%；其次为反应熔炼法，其设备可用膛式炉、短窑、电炉或旋涡炉；沉淀熔炼很少采用。铅的精炼主要采用火法精炼，其次为电解精炼，但我国尚未广泛采用电解法。对难于分选的硫化铅锌混合精矿，一般采用同时产出铅和锌的密闭鼓风炉熔炼法处理。据《工业污染源产排污系数手册》公布的数据，铅精矿经烧结机－鼓风炉工艺冶炼过程中，生产每吨产品将排放 5.19 万 m³ 废气、14.81 t 废水、1.22 t 工业固废。

另外，铅是一种对人体危害极大的有毒重金属，铅及其化合物进入机体后将对神经、造血、消化、肾脏、心血管和内分泌等多个系统造成危害，若含量过高则会引起铅中毒。随着工业市场的迅速发展，铅被广泛应用于各行各业。铅对环境的污染越来越重，对人体的健康危害也越来越大。

3.5　金属资源三维关键性分析

综合二维关键性和环境风险指数的评价结果，在三维关键性评价区间内，关键金属资源有 19 种，分别为：铂族金属（PGMs）、铌（Nb）、钴（Co）、锗（Ge）、硒（Se）、锆（Zr）、镍（Ni）、锂（Li）、钒（V）、钽（Ta）、铯（Cs）、铼（Re）、镓（Ga）、铍（Be）、稀土元素（REEs）、锡（Sn）、钨（W）、铷（Rb）和钪（Sc）（图 3.7，见书末彩插）。

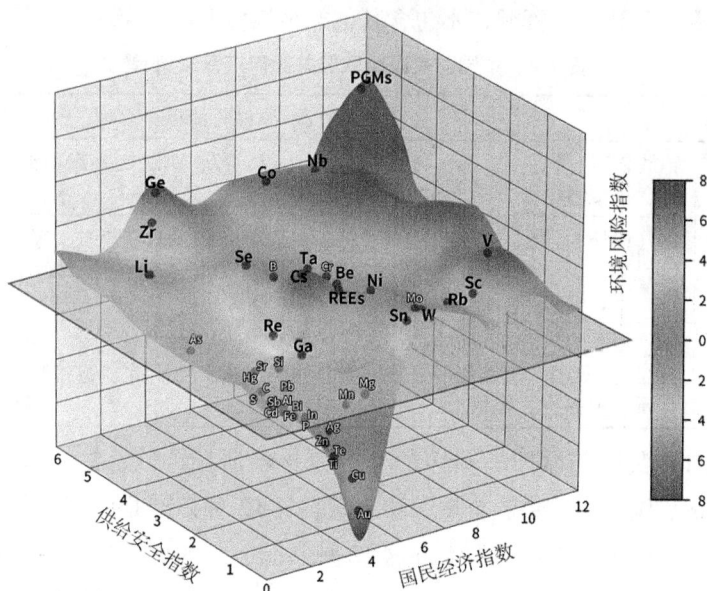

图 3.7　我国金属资源的三维关键性分析

图 3.7 中，二维关键性高的区域环境风险指数越高越向上延展，二维关键性低的区域环境风险指数越高越向下延展。因此，供给安全指数、国民经济指数和环境风险指数均高的区域为红色，其次逐渐过渡到黄色和绿色。可

以看出，以二维关键性阈值和环境风险为 0.25 的阈值平面围成的区域内为关键金属资源。虽然金属资源硼（B）、锰（Mn）、钼（Mo）、镁（Mg）、铬（Cr）的二维关键性高，但其环境风险指数较低（<0.25），因此，三维关键性评价结果中不包括这 5 种金属资源。

3.6 中国关键金属清单与欧盟、美国的区别

随着去全球化趋势加剧，国际贸易争端跌宕起伏，战略新兴产业所需的关键矿产争夺日益加剧。美国根据关键度、保障度、风险度 3 个评价原则，2018 年列出了对外依存度高且对经济发展和国家安全至关重要的 35 种关键矿产目录清单。鉴于关键矿产对欧盟制造业的战略重要性，欧盟成立了"确定关键原料特别工作小组"，研究确立欧盟关键矿产的评价方法和划分标准。根据经济重要性、供应风险两个评价原则，欧盟确定并发布了 2017 年版 27 种关键矿产目录清单（表 3.3）。需要说明的是，本报告中评估对象范围为石墨、硫、磷、硅和金属资源，不包含其他非金属资源。

表 3.3 中国、美国和欧盟关键矿产目录清单

国家和地区	关键金属资源/原材料清单
中国	铂族金属、铌、钴、锗、硒、铬、锆、镍、锂、钒、钼、硼、钽、铯、铼、镓、铍、锰、镁、稀土元素、锡、钨、铷、钪
美国	铝（矾土）、锑、砷、重晶石、铍、铋、铯、铬、钴、萤石、镓、锗、石墨（天然）、铪、氦、铟、锂、镁、锰、铌、铂族金属、钾盐、稀土元素、铼、铷、钪、锶、钽、碲、锡、钛、钨、铀、钒、锆
欧盟	锑、重晶石、铍、铋、硼、钴、焦煤、萤石、镓、锗、铪、氦、铟、镁、石墨（天然）、天然橡胶、铌、钾盐、磷、钪、结晶硅、钽、钨、钒、铂族金属、重稀土、轻稀土

通过对比我国与欧盟、美国的关键原材料清单，铍、钴、镓、锗、镁、钒、钪、铌、钽、钨、铂族金属、稀土元素等 12 种矿产是中国、美国、欧盟共同需要关注的关键金属资源。除这 12 种共同关注的矿产外，中国和美国在锂、铯、铼、铷、锡、锆、锰、铬等 8 种更重要、需要更多关注的矿产上具有一致性；中国和欧盟在需要更关注硼矿上具有一致性；美国和欧盟在铪、铟、铋、重晶石、锑、氦、钾盐、石墨、萤石等 9 种需要更多关注的矿产上具有一致性。另外，基于我国特有国情，区别于美国和欧盟，我国还应更加关注硒、镍和钼 3 种金属资源，具体如图 3.8 所示。

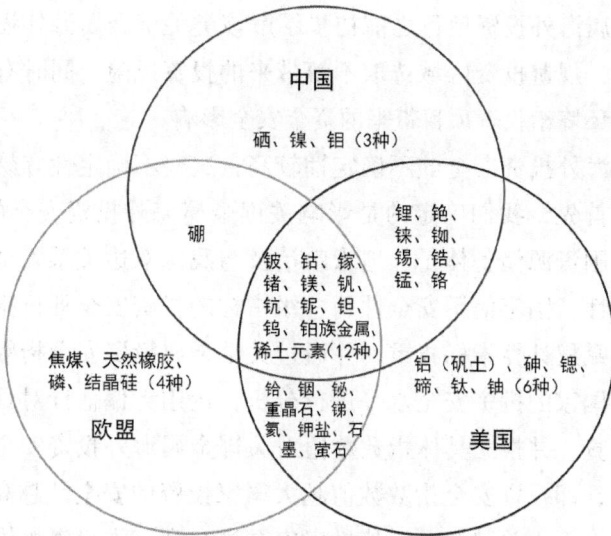

图 3.8 中、美和欧盟关键金属资源/原材料矿产重合关系

3.7 关键金属海外投资安全等级

3.7.1 关键金属海外投资背景及必要性

关键金属矿产资源虽然在中国有一定的储量及分布，但相对于全球储量而言处于相对较为短缺的状态，且关键金属消费量大、对外依存度高、应用领域影响深远，许多有资本实力、综合竞争力强的企业选择进行海外投资。目前，中国的关键金属海外投资主要分布在矿产资源丰富、品位较高、投资环境较为稳定的国家和地区，如澳大利亚、俄罗斯、加拿大、南美及非洲部分国家和地区。

进行关键金属资源海外投资不仅能够增强资源供给的保障能力，补充国内供给缺口，也是提高企业综合竞争力、获取关键金属资源开发权益、参与资源定价的重要发展战略决策。但是，关键金属资源的海外投资属于重资本投资，投资体量巨大，建设周期普遍较长，许多关键金属海外资源所在地区或国家经济较为落后，地缘政治局势不稳定，政策及市场环境复杂多变，地区安全性存在较大风险。在此情况下，如何选择关键金属跨境投资目标国家，从关键金属矿产资源多元化的投资区域中选择投资安全稳定性高的目标国家是进行海外投资的第一步，也是最为重要的一步。

3.7.2 关键金属投资安全指数

本报告设立关键金属海外投资安全指数，这不但能让投资机构在进行具体某类关键金属海外投资项目之前初步了解该类关键金属海外投资的首选区域及次选区域，规避投资区域选取不慎带来的投资风险，同时有助于了解不同国家的投资环境给投资项目带来的资金安全影响。

关键金属海外投资安全的不确定性较高，这些不确定性容易引发系统性风险。因此，首先，我们确定的是影响关键金属海外投资安全的核心要素，即构建以目标国资源储备体量、地缘政治及与我国双边关系安全性、政策环境及市场安全性、国家信用安全性为一级指标的投资安全评价指标体系；其次，采用组合赋权计算指标权重，并通过关键金属投资安全指数对相应关键金属资源丰富国家的投资安全水平进行分析，运用无偏估计对具体的投资安全指数进行测算，并根据具体指数数值对关键金属海外投资安全性按照从高到低进行排名，即投资安全指数数值越大国家投资的安全性越高。从而得到目前形势及环境下，关键金属海外投资安全排名列表供投资机构及有相关需求的各类主体参考。具体指数模型的原理及测算步骤如下。

假设条件：

①假设 R 代表关键金属海外投资安全风险因素的总量，$V(f)$ 代表风险因素的基期系数，则关键金属海外投资安全风险的基期基值可以表示为 $R \times V(f)$；

②假设关键金属海外投资安全指标包含四类：资源储备体量、地缘政治安全性、政策及市场环境安全性和国家信用安全性等，$E(x_i)$ 代表第 i 个关键金属海外投资安全评价指标，$\psi(x_i)$ 代表第 i 个安全因素的基期赋值函数，则第 i 个安全因素在基期的赋值可表示为 $E(x_i) \times \psi(x_i)$；

③假设 $\delta(x_i)$ 代表第 i 个安全评价指标的组合赋值权重；

④关键金属海外投资安全指数值越大代表投资安全性越高。

关键金属海外投资安全指数则可表示为：

$$\theta(x_i) = \sum_{i=1}^{n} \delta(x_i) \frac{E(x_i) \times \psi(x_i)}{R \times V(f)} \tag{3-1}$$

3.7.3 评价结果及分析

基于以上建立的关键金属海外投资安全的指数评价方法，计算了我国 23 种关键金属元素的海外投资安全等级，相关参考结果如表 3.4 所示。

其中，一级关键金属中，铂族金属的首选海外投资安全区域为南非和俄罗斯，次选区域为美国、加拿大、津巴布韦，虽然津巴布韦的铂族金属储量较高，但是目前津巴布韦国内正处于较为严重的通货膨胀状态，因此，不稳定的高风险投资环境拉低了整体投资安全等级的排名。

一级关键金属中的铌（Nb）的首选海外投资地区为巴西和加拿大，其中巴西的铌储量居全球第 1 位，且具有非常明显的比较优势，因此其指数值明显高于其他同类投资区域。此外，尼日利亚、肯尼亚、坦桑尼亚等非洲发展中国家虽然基础条件较为一般，但资源储备丰富，生产成本较低，资源品位一直以高闻名，这类投资多以市场导向型为主，很受青睐。

一级关键金属中的钴（Co）作为锂电池行业中三元材料的重要原材料，储量稀缺，在动力电池产业链中始终占据核心地位，价格弹性受全球供需影响也存在较大的波动。因此，钴资源的海外投资一直受到市场的高度关注，目前，钴盐价格持续回暖，受疫情影响刚果（金）的供给不确定性增强，虽然钴作为刚果（金）的战略金属征收 10% 的矿业税，但是刚果（金）依然是钴资源海外投资的首选区域；其次，古巴、赞比亚、菲律宾等国也是钴资源海外投资的不错选择。

关于二级关键性金属及三级关键性金属的海外投资目标国（地区）参照以上评价和选择原则，这里不做具体论述，关于海外投资安全等级的详细区域选择已经列在表 3.4。

表 3.4 关键金属海外投资安全等级

等级	名称	元素符号	海外投资安全指数				
一级关键金属	铂族金属	PGMs	南非	俄罗斯	美国	加拿大	津巴布韦
			0.96	0.85	0.83	0.73	0.71
	铌	Nb	巴西	加拿大	尼日利亚	肯尼亚	坦桑尼亚
			0.93	0.72	0.70	0.69	0.69
	钴	Co	刚果（金）	澳大利亚	古巴	赞比亚	菲律宾
			0.92	0.87	0.76	0.73	0.73
二级关键金属	锗	Ge	中国	美国	俄罗斯	赞比亚	刚果（金）
			0.98	0.83	0.78	0.72	0.65
	硒	Se	智利	俄罗斯	中国	秘鲁	美国
			0.92	0.9	0.86	0.82	0.77
	铬	Cr	哈萨克斯坦	南非	印度	土耳其	津巴布韦
			0.98	0.91	0.66	0.63	0.47
	锆	Zr	澳大利亚	南非	印度	印度尼西亚	莫桑比克
			0.98	0.83	0.69	0.69	0.66

等级	名称	元素符号	海外投资安全指数				
三级关键金属	镍	Ni	澳大利亚	新喀里多尼亚	俄罗斯	印度尼西亚	菲律宾
			0.98	0.90	0.88	0.85	0.84
	锂	Li	阿根廷	玻利维亚	智利	中国	澳大利亚
			0.96	0.89	0.88	0.86	0.78
	钒	V	中国	俄罗斯	南非	澳大利亚	巴西
			0.98	0.97	0.89	0.77	0.66
	钼	Mo	中国	美国	智利	加拿大	秘鲁
			0.98	0.69	0.60	0.59	0.57
	钽	Ta	澳大利亚	卢旺达	巴西	莫桑比克	加拿大
			0.98	0.92	0.88	0.76	0.72
	铯	Cs	加拿大	纳米比亚	津巴布韦		
			0.98	0.72	0.52		
	铼	Re	智利	俄罗斯	美国	哈萨克斯坦	亚美尼亚
			0.92	0.72	0.7	0.65	0.61
	镓	Ga	中国	德国	乌克兰	哈萨克斯坦	澳大利亚
			0.98	—			
	铍	Be	美国	俄罗斯	中国	印度	巴西
			0.97	0.65	0.62	—	—
	锰	Mn	南非	乌克兰	巴西	澳大利亚	印度
			0.96	0.85	0.77	0.77	0.63
	镁	Mg	俄罗斯	中国	韩国	澳大利亚	巴西
			0.98	0.89	0.85	0.64	0.58
	稀土元素	REEs	中国	巴西	澳大利亚	印度	美国
			0.98	0.69	0.62	0.60	0.59
	锡	Sn	中国	印度尼西亚	澳大利亚	俄罗斯	巴西
			0.98	0.80	0.74	0.74	0.73
	钨	W	中国	加拿大	俄罗斯	澳大利亚	美国
			0.98	0.65	0.64	0.61	0.59
	铷	Rb	中国	纳米比亚	津巴布韦	加拿大	
			0.98	0.67	0.67	0.61	
	钪	Sc	中国	俄罗斯	哈萨克斯坦		
			0.98	—			

第四章 资源安全相关政策分析

4.1 我国资源安全相关政策分析

矿产资源是人类社会发展的重要物质基础，也是生态环境的主要构成要素。中国高度重视可持续发展和矿产资源的合理利用，把可持续发展确定为国家战略，把保护资源作为可持续发展战略重要内容。党的第十九届四中全会提出要坚持节约资源和保护环境的基本国策，全面建立资源高效利用制度，保障我国资源安全和可持续发展。节约集约利用矿产资源是我国生态文明建设的重要方面，也是维护国家资源安全的重要抓手。

节约资源是我国的基本国策。2015 年以来，为推动矿产资源节约集约利用，我国出台了一系列法律法规、相关规划、标准规范、技术要求等配套政策，对矿产资源节约与综合利用的关键环节做出了明确要求，基本建立了矿产资源节约集约利用的政策体系。2015 年，国务院发布《中国制造 2025》提出全面推行绿色制造，加快制造业绿色改造升级，推进资源高效循环利用，并开展资源安全相关绿色评价。随后《生态文明体制改革总体方案》就能源矿产资源领域提出资源消费总量管理和节约制度、健全矿产资源开发利用管理制度、完善资源循环利用制度，落实并完善资源综合利用和促进循环经济发展的税收政策。2016 年以来，《中华人民共和国国民经济和社会发展第十三个五年规划纲要（2016—2020 年)》《国土资源信息化"十三五"规划》《全国矿产资源规划（2016—2020 年)》《循环发展引领行动》等相继发布，为保障我国资源安全和资源高效利用提出全方位的规定和提供政策依据，要求树立节约集约循环利用的资源观，推动资源利用方式的根本转变，推动共伴生矿、尾矿等大宗工业固废、再生资源综合利用，推进全面节约和高效利用资源。为推动矿产资源节约和合理利用，在强制性法律法规的制定上，我国先后发布实施的《矿产资源法》《节约能源法》《循环经济促进法》等法律，明确规定节约资源是我国的一项基本国策。要求坚持节约优先，合理开发利用资源，对具有工业价值的共伴生矿实行综合开采、合理利用；暂时不能利用的组分和尾矿，采取适合的保护措施，防止资源损失和生态破坏。

为加强对环境和资源的保护，促进资源的有效利用和清洁能源开发，我国在税费政策中规定对开采或利用共伴生矿、低品位矿、尾矿资源的可免征或减征资源税；企业综合利用资源，生产符合国家产业政策的产品，在计算企业所得税时可减计收入；进入《资源综合利用产品和劳务增值税优惠目录》的产品或劳务，可享受增值税即征即退政策。针对综合利用产品不好认定的难题，引入第三方机构对开展工业固废利用的情况进行核定，依据评价结果，可申请减免增值税、所得税等优惠政策等（表4.1）。

表4.1　我国矿产资源综合利用相关税费政策

名称	内容
中华人民共和国资源税法	①规范减免税政策，促进资源节约集约利用；②国家对有利于促进资源节约集约利用、保护环境等情形可以规定免征或者减征资源税，如衰竭期矿山采取充填开采可以减征资源税。税法还授权省、自治区、直辖市对纳税人开采共伴生矿、低品位矿、尾矿等情形自行制定免征或者减征资源税的具体办法
中华人民共和国企业所得税法	①企业综合利用资源，生产符合国家产业政策规定的产品所取得的收入，可在计算应纳税所得额时减计收入；②企业购置用于环境保护、节能节水、安全生产等专用设备的投资额，可以按一定比例实行税额抵免
煤炭资源税征收管理办法（试行）	煤炭资源税应纳税额按照原煤或者洗选煤计税销售额乘以适用税率计算
资源综合利用产品和劳务增值税优惠目录	①对资源综合利用产品和劳务增值税优惠政策进行调整；②规定纳税人销售自产的资源综合利用产品和提供资源综合利用劳务，按照该《目录》的相关规定可享受增值税即征即退政策
中华人民共和国环境保护税法	规定了排放1 t煤矸石应纳税额为5元，排放1 t尾矿应纳税额为15元，排放1 t危险废物应纳税额为1000元，排放1 t冶炼渣、粉煤灰、炉渣及其他固体废物应纳税额为25元
工业固体废物资源综合利用评价管理暂行办法	①引入第三方机构评价制度，促进工业固体废物资源综合利用产业规范化；②引入了第三方机构对开展工业固废利用的企业进行核定，依据评价结果，可申请减免增值税、所得税等优惠政策；③通过适时调整目录不断引导企业提高资源综合利用技术水平，从政策层面为固废资源综合利用提供了保障

　　未来，我国资源安全相关政策及法律法规应在现有基础上进一步完善。不断健全矿产资源法规体系，可考虑依法集中管理与分级管控相结合的方式，细化落实法规政策中的管理细则，提出具体可行的规章制度。在国家方针政策的指导下，组织编制不同层次的矿产资源规划，依法合理分配及利用矿产资源，并进行相应的监督管理。矿产资源供应安全的影响因素瞬息万变，新兴产业的发展将重塑未来世界矿产资源的格局。可出台相应倾斜政策支持和促进科技发展，依靠科技进步提高资源的可获得性，充分利用优势资源，避免关键金属资源潜在的供应风险。应继续坚持节约资源的基本国策，制定配套政策鼓励矿山企业综合开采，并最大限度地回收资源，明确资源回收技术经济指标，使矿产资源充分利用。总之，需从资源全生命周期入手，综合考虑环境风险、技术瓶颈、产业上下游等方面制定完善的法律法规体系，实现管理政策与技术发展相结合，保障矿产资源产业的健康、绿色发展。

　　以下为我国国家部委近期出台的资源安全具体相关政策、法律法规和税收政策。

（1）2020 年 9 月，国家发改委发布《关于扩大战略性新兴产业投资培育壮大新增长点增长极的指导意见》

　　加快新材料产业强弱项。围绕保障大飞机、微电子制造、深海采矿等重点领域产业链供应链稳定，加快在光刻胶、高纯靶材、高温合金、高性能纤维材料、高强高导耐热材料、耐腐蚀材料、大尺寸硅片、电子封装材料等领域实现突破。实施新材料创新发展行动计划，提升稀土、钒、钛、钨、钼、锂、铷、铯、石墨等特色资源在开采、冶炼、深加工等环节的技术水平，加快拓展石墨烯、纳米材料等在光电子、航空装备、新能源、生物医药等领域的应用。

　　加快节能环保产业试点示范。积极推行绿色建造，加快推动智能建造与建筑工业化协同发展，大力发展钢结构建筑，提高资源利用效率，大幅降低能耗、物耗和水耗水平。

（2）2017 年 4 月，国家发改委、国家能源局发布《能源生产和消费革命战略（2016—2030）》

　　到 2020 年，全面启动能源革命体系布局，推动化石能源清洁化，根本扭转能源消费粗放增长方式，实施政策导向与约束并重。能源消费总量控制在 50 亿 t 标准煤以内，煤炭消费比重进一步降低，清洁能源成为能源增量主体，能源结构调整取得明显进展，非化石能源占比 15%；单位国内生产总值二氧化碳排放较 2015 年下降 18%；能源开发利用效率大幅提高，主要工业产品能源效率达到或接近国际先进水平，单位国内生产总值能耗较 2015 年下降 15%，主要能源生产领域的用水效率达到国际先进水平；电力和油气体制、能源价格形成机制、绿色财税金融政策等基础性制度体系基本形成；能源自给能力保持在 80% 以上。

2021—2030 年，可再生能源、天然气和核能利用持续增长，高碳化石能源利用大幅减少。能源消费总量控制在 60 亿 t 标准煤以内，非化石能源占能源消费总量比重达 20% 左右，天然气占比达 15% 左右，新增能源需求主要依靠清洁能源满足；单位国内生产总值二氧化碳排放比 2005 年下降 60% ~ 65%，二氧化碳排放 2030 年左右达到峰值并争取尽早达峰；单位国内生产总值能耗（现价）达到目前世界平均水平，主要工业产品能源效率达到国际领先水平；自主创新能力全面提升，能源科技水平位居世界前列；现代能源市场体制更加成熟完善；能源自给能力保持在较高水平，更好利用国际能源资源；初步构建现代能源体系。

展望 2050 年，能源消费总量基本稳定，非化石能源占比超过一半，建成能源文明消费型社会；能效水平、能源科技、能源装备达到世界先进水平；成为全球能源治理重要参与者；建成现代能源体系，保障实现现代化。

(3) 2017 年 5 月，国家发改委发布《循环发展引领行动》

主要目标：新的资源战略保障体系基本构建。节约集约循环利用的新资源观全面树立，资源循环利用制度体系基本形成，资源循环利用产业成为国民经济发展资源安全的重要保障之一。

建立以主要资源产出率、主要废弃物循环利用率为核心的循环经济评价指标体系，将循环经济主要指标完成情况作为对地方政府评价的内容。建立国家层面资源产出率指标的定期发布制度，发布不同区域层面的循环经济发展水平评价指标。建立完善循环经济发展指数、城市循环发展指数等综合性评价方法，适时发布区域循环发展指数。对国家确定的循环经济示范城市（县）、园区循环化改造等试点示范单位进行评价考核。各级政府应开展资源利用效率、资源循环水平评估评价工作，支持和鼓励科研院所、高等学校、社会组织等第三方机构参与评估评价工作，并向社会公布。

(4) 2016 年 12 月，国务院发布《"十三五"生态环境保护规划》

绿色发展是从源头破解我国资源环境约束瓶颈、提高发展质量的关键。

要创新调控方式，强化源头管理，以生态空间管控引导构建绿色发展格局，以生态环境保护推进供给侧结构性改革，以绿色科技创新引领生态环境治理，促进重点区域绿色、协调发展，加快形成节约资源和保护环境的空间布局、产业结构和生产生活方式，从源头保护生态环境。

发展资源节约循环利用的关键技术，建立城镇生活垃圾资源化利用、再生资源回收利用、工业固体废物综合利用等技术体系。重点针对大气、水、土壤等问题，形成源头预防、末端治理和生态环境修复的成套技术。

促进四大区域绿色协调发展。西部地区要坚持生态优先，强化生态环境保护，提升生态安全屏障功能，建设生态产品供给区，合理开发石油、煤炭、天然气等战略性资源和生态旅游、农畜产品等特色资源。

大力推进煤炭清洁化利用。加强商品煤质量管理，限制开发和销售高硫、高灰等煤炭资源，发展煤炭洗选加工，到2020年，煤炭入洗率提高到75%以上。大力推进以电代煤、以气代煤和以其他清洁能源代煤，对暂不具备煤炭改清洁燃料条件的地区，积极推进洁净煤替代。

（5）2016年11月，国土资源部联合国家发改委、工信部、财政部、环保部和商务部共同发布《全国矿产资源规划（2016—2020年)》

强化矿产资源宏观管理，制定战略性矿产目录。为保障国家经济安全、国防安全和战略性新兴产业发展需求，将石油、天然气、煤炭、稀土、晶质石墨等24种矿产列入战略性矿产目录，作为矿产资源宏观调控和监督管理的重点对象，并在资源配置、财政投入、重大项目、矿业用地等方面加强引导和差别化管理，提高资源安全供应能力和开发利用水平。

完善矿产资源宏观调控政策体系。配合完成《矿产资源法》及其配套法规修订工作。加强国家矿产资源安全战略研究。强化矿产资源规划管控，严格规划分区管理、总量调控和开采准入制度。着力推进矿业供给侧结构性改革，培育产业发展新动能。实施矿种差别化、区域差别化管理，对紧缺矿产，实施鼓励性勘查开发政策；对传统优势矿产，合理调控开发利用总量；对产能过剩类矿产，严格控制新增产能，坚决淘汰落后产能，有序退出过剩产能；对战略性新兴产业矿产，保障资源供应，强化高端应用。

保障重要金属矿产有效供给。以铁、锰、铜、铝、镍、铅、锌、钨、锡、锑、金、银等为重点，在资源条件好、环境承载力强、配套设施齐全、区位优势明显的地区，集中建设具有市场竞争力的大中型矿山，稳定国内有效供给水平。

保障战略性新兴产业矿产供应。对我国战略性新兴产业发展具有重要支撑保障作用的矿产有 50 余种，重点加强资源基础好、市场潜力大、具有国际市场竞争力的稀土、稀有、稀散、石墨、锂等矿产的合理开发与有效保护，将有利于提升高端产业国际竞争力。

加强矿产资源保护。坚持在保护中开发，在开发中保护，采取有力措施，提升资源保护能力。建立保护性开采特定矿种动态调整机制，完善年度开采总量指标控制管理，合理调控钨、稀土等开采规模，严防过度开发。加强焦煤肥煤等稀缺和特殊煤种、晶质石墨、稀有稀散金属等战略性新兴产业矿产的保护，明确资源开发利用效率准入条件，确保优质优用。在资源分布集中地区，探索优势资源勘查、保护与合理利用新模式。对当前技术经济条件下无法合理利用的矿产和尾矿资源，严格限制开发，避免资源破坏和浪费。

探索建立矿产资源储备制度。建立国家和企业共同参与，矿产品和矿产地相结合的战略储备体系，保障矿产资源供应安全和代际公平。加大原油储备力度，科学合理确定有色金属、稀贵金属等国家战略储备规模、品种、结构，完善储备制度。健全矿产地储备机制，加强对钨、稀土、晶质石墨等战略性矿产重要矿产地的储备，探索采储结合新机制。以储备为目的，探索在自然保护区内由国家财政出资、市场化运作方式进行勘查，已探明和新发现的大中型矿产地纳入储备管理。建立储备矿产地的动态调整机制，根据经济社会发展需要适时动用。

坚持绿色发展强化资源节约集约循环利用。坚持节约优先，有度有序利用矿产资源，推动形成绿色开发方式，全面节约和高效利用资源，加强矿山地质环境治理恢复与矿区土地复垦，以资源利用方式转变推动经济发展方式转变。

强化矿产资源节约与综合利用。提高矿产资源节约与综合利用水平。鼓励开采主要矿产的同时，对具有工业价值的共伴生、低品位矿产，进行综合开采、综合利用。鼓励煤炭与煤层气、铝土矿、油页岩、铀矿等共伴生资源综合利用。扩大煤矸石发电及生产建材、井下充填等利用规模，加快提高煤矸石综合利用率。提高黑色、有色金属共伴生资源综合利用水平，加强尾矿、固体废弃物和废水等资源化利用。

开展节约与综合利用关键技术攻关与推广示范。搭建产学研平台，充分发挥矿山企业技术创新的主体作用，加强技术攻关，突破石油、天然气高效开采，固体矿产安全绿色采矿，低品位矿经济合理利用，复杂共伴生矿综合利用，尾矿及固体废弃物回收利用，非传统资源与替代资源创新利用等关键技术。实施一批矿产资源节约与综合利用示范工程，支持矿山企业技术、工艺和装备改造，加快转化推广应用。

完善矿产资源节约与综合利用激励约束机制。加大政策支持力度，优先向资源高效利用、技术先进、实施综合勘查开采的矿山企业供地。建立矿山企业高效和综合利用信息公示制度。健全准入、激励、监管、考核等机制和办法，形成覆盖勘查、评价、开发、闭坑全过程的矿产资源节约与综合利用制度体系。

推进矿业循环经济发展。建立评价指标体系，科学评价矿业企业循环经济发展状况。加大矿产资源领域循环经济发展支持力度，鼓励矿业企业形成减量化、再利用、资源化的生产过程，创新有利于节约资源、保护环境的资源开发利用模式，树立矿业企业循环经济发展示范典型。

（6）2016 年 7 月，工信部发布《工业绿色发展规划（2016—2020）》

发展目标：资源利用水平明显提高。单位工业增加值用水量进一步下降，大宗工业固体废物综合利用率进一步提高，主要再生资源回收利用率稳步上升。

大力推进工业固体废物综合利用。以高值化、规模化、集约化利用为重点，围绕尾矿、废石、煤矸石、粉煤灰、冶炼渣、冶金尘泥、赤泥、工业副产石膏、化工废渣等工业固体废物，推广一批先进适用技术装备，推进深度资源化利用。深入推进承德、朔州、贵阳等资源综合利用基地建设，选择有基础、有潜力、产业集聚和示范效应明显的地区，合理布局，突出特色，加强体制机制和运行管理模式创新，打造完整的工业固体废物综合利用产业链。探索资源综合利用产业区域协同发展新模式，发挥各地优势，推动区域资源综合利用协同发展，实施京津冀地区资源综合利用产业协同发展行动计划，建立若干工业固体废物综合利用跨省界协同发展示范区。

加快推动再生资源高效利用及产业规范发展。围绕废钢铁、废有色金属、废纸、废橡胶、废塑料、废油、废弃电器电子产品、报废汽车、废旧纺织品、废旧动力电池、建筑废弃物等主要再生资源，加快先进适用回收利用技术和装备推广应用。建设一批再生资源产业集聚区，推进再生资源跨区域协同利用，构建区域再生资源回收利用体系。落实生产者责任延伸制度，在电器电子产品、汽车领域等行业开展生产者责任延伸试点示范。促进行业秩序逐步规范，定期发布符合行业规范条件的企业名单，培育再生资源行业骨干企业。

（7）2016 年 6 月，国家发改委、国家能源局印发《能源技术革命创新行动计划（2016—2030 年）》

煤炭无害化开采技术创新。加强煤炭开发生态环境保护，重点研发井下采选充一体化、绿色高效充填开采、无煤柱连续开采、保水开采、采动损伤监测与控制、矿区地表修复与重构等关键技术装备，基本建成绿色矿山。提升煤炭开发效率和智能化水平，研发高效建井和快速掘进、智能化工作面、特殊煤层高回收率开采、煤炭地下气化、煤系共伴生资源综合开发利用等技术，重点煤矿区基本实现工作面无人化，全国采煤机械化程度达 95% 以上。

煤炭清洁高效利用技术创新。加强煤炭分级分质转化技术创新，重点研究先进煤气化、大型煤炭热解、焦油和半焦利用、气化热解一体化、气化燃烧一体化等技术，开展 3000 t/d 及以上煤气化、百万 t/a 低阶煤热解、油化电联产等示范工程。开发清洁燃气、超清洁油品、航天和军用特种油品、重要化学品等煤基产品生产新工艺技术，研究高效催化剂体系和先进反应器。加强煤化工与火电、炼油、可再生能源制氢、生物质转化、燃料电池等相关能源技术的耦合集成，实现能量梯级利用和物质循环利用。研发适用于煤化工废水的全循环利用"零排放"技术，加强成本控制和资源化利用，完成大规模工业化示范。

（8）2016 年 5 月，国务院发布《国家创新驱动发展战略纲要》

发展资源高效利用和生态环保技术，建设资源节约型和环境友好型社会。采用系统化的技术方案和产业化路径，发展污染治理和资源循环利用的技术与产业。建立大气重污染天气预警分析技术体系，发展高精度监控预测技术。建立现代水资源综合利用体系，开展地球深部矿产资源勘探开发与综合利用，发展绿色再制造和资源循环利用产业，建立城镇生活垃圾资源化利用、再生资源回收利用、工业固体废物综合利用等技术体系。完善环境技术管理体系，加强水、大气和土壤污染防治及危险废物处理处置、环境检测与环境应急技术研发应用，提高环境承载能力。

（9）2016 年 4 月，国土资源部发布《国土资源"十三五"规划纲要》

加快矿产资源管理制度改革，深化矿产资源有偿使用制度改革，加快油气资源勘查开采体制改革，提高矿产资源市场化配置程度，推进矿产资源勘查开采"三去一降一补"，建立战略性矿产风险识别和监测预警机制。

统筹矿产资源勘查开发区域布局。发布实施矿产资源规划，强化规划管控和引导作用，建设一批重要能源资源基地。推进西部地区资源开发与环境保护相协调，重点加强资源条件好、环境承载力高地区的矿产资源勘查开发，加快优势资源转化。推动中东部及东北地区矿业转型升级，统筹协调上游资源开发和下游产业发展，提高资源集约化开发水平。限制东部、控制中部和东北、优化西部地区煤炭资源开发，推进大型煤炭基地绿色化开采和改造。按照加快长江经济带创新发展的要求，促进上中下游矿产资源优势互补，互动合作，打造矿业领域生态文明建设示范带。控制京津冀地区资源开发强度，加快矿业转型升级与协同发展。

加强重要矿产资源保护。建立保护性开采的特定矿种动态调整机制，改革年度开采总量指标控制管理机制，重点对钨、离子型稀土等开采规模实行有效控制，完善优势矿产限产保值机制。加强特殊煤种、晶质石墨、稀有稀散金属等战略性新兴产业矿产的保护。在资源分布集中地区，探索优势资源勘查、保护与合理利用新模式。加强复合矿区开发的统筹协调，创新开发利用模式，合理安排油气、铀矿、煤炭、煤层气等资源开发的空间、时序，促进多矿种资源有序开采和综合开发。对当前无法合理利用的矿产和尾矿资源，严格限制开发，避免资源破坏和浪费。严格矿产资源开发准入管理，全面落实规划分区管理制度，提高环境保护、技术、资金投入、资源利用效率等准入门槛。

实施重要矿产地储备。制定专项规划，加快推进矿产资源储备体系建设。完善矿产地储备机制，加强对钨、稀土、晶质石墨等战略性矿产重要矿产地的储备。划定矿产资源储备区，将各类生态保护区、生态脆弱地区内国家出资查明的重要矿产大中型矿产地，以及对国民经济具有重要价值的矿区纳入储备管理。建立矿产地储备的动态调整机制。

深入实施找矿突破行动。以能源、紧缺及战略性新兴产业矿产为重点，在鄂尔多斯、松辽、渤海湾、塔里木、四川等含油气盆地，大兴安岭、西南三江、东昆仑、祁连、胶东等重点成矿区带，开展1∶5万地质矿产调查，查清成矿条件，预测资源潜力，圈定新的找矿靶区。加强矿产资源查明登记管理，强化储量审核登记、地质资料汇交管理。对新区、新层系、新领域、新类型等重点地区，加强油气资源基础性地质调查评价，开展全国石油、天然气、页岩气、煤层气、油页岩、油砂、煤系矿产等资源潜力评价。优先安排成矿地质条件有利、找矿潜力大和市场需求量大的危机矿山接替资源勘查。

加快矿山密集区和老矿山外围的勘查进程。

优化矿产资源开发利用结构。按照"稳油、兴气、控煤、增铀"的思路，加快推进清洁高效能源矿产的勘查开发，积极开发天然气、煤层气、页岩油（气），推进天然气水合物资源勘查与商业化试采，以能源矿产开发利用结构调整推动能源生产消费方式革命。严控煤炭、钼等产能过剩矿产新增产能，淘汰落后产能，有序退出过剩产能。合理调控钨、稀土等优势矿产开发利用总量，稳定磷硫钾等重要农用矿产供给，加强膨润土等重要非金属矿产高效利用，适当控制水泥用灰岩、玻璃硅质材料矿产开发利用规模，规范建材非金属矿产开发秩序。严格执行矿山设计最低开采规模准入管理制度，推进矿山规模化集约化开采，提高矿区企业集中度。支持矿业企业兼并重组，促进矿业集中化和基地化发展，形成以大型集团为主体，大中小型矿山、上下游产业协调发展的资源开发格局。

大力推进绿色矿山和绿色矿业发展示范区建设。推进国家、省、市县三级绿色矿山建设，建立完善分地域、分行业的绿色矿山标准体系，大力倡导绿色勘查，按照绿色矿山标准推进新建矿山设计和建设，加快老矿山改造升级。规划建设50个以上绿色矿业发展示范区，研究建立绿色矿业发展基金，制定与绿色矿业发展相挂钩的激励政策。在资源配置和矿业用地等方面向绿色矿山、绿色矿业企业和绿色矿业发展示范区倾斜。

完善矿产资源节约和综合利用标准。健全矿产资源储量管理技术标准体系，加强共伴生资源综合评价。建立矿产资源开发利用水平调查评估制度，提高矿产资源产出率，完善重要矿产资源开采回采率、选矿回收率、综合利用率等国家标准。定期修订《矿产资源节约与综合利用先进适用技术推广目录》。建立边界品位动态更新机制，加强低品位矿产开发利用管理。鼓励各地结合本地区资源赋存条件，合理确定矿产资源工业品位指标。

健全矿产资源节约与综合利用激励约束机制。对资源利用效率高、技术先进、实施综合勘查开采的矿业企业，加大国土资源政策支持力度，完善鼓励提高矿产资源利用水平的经济政策。实施矿产资源节约与综合利用示范工程，推进矿产资源开发利用科技攻关和示范推广。建立矿业企业高效和综合利用信息公示制度，建立矿业权人"黑名单"制度。

搭建"一带一路"沿线国家合作平台。实施"一带一路"基础地质调查与信息服务计划，加强周边国家重点成矿区带对比研究，实施全球矿产资源地球化学和遥感调查，完善全球矿产资源信息系统，为我国及相关国家政策制定和企业投资决策提供有效服务。以油气、铀、铁、铜、铝等我国紧缺战略性矿产为重点，合作开展我国及沿线国家成矿规律研究和潜力评价。

积极参与全球矿业治理。推动矿产资源勘查开发走出去。提高矿产资源开发领域对外开放水平。提升矿业治理体系中的话语权。

（10）2016 年 3 月，全国两会发布《中华人民共和国国民经济和社会发展第十三个五年规划纲要（2016—2020 年）》

主要目标：生态环境质量总体改善。生产方式和生活方式绿色、低碳水平上升。能源资源开发利用效率大幅提高，能源和水资源消耗、建设用地、碳排放总量得到有效控制，主要污染物排放总量大幅减少。主体功能区布局和生态安全屏障基本形成。

发展理念：绿色是永续发展的必要条件和人民对美好生活追求的重要体现。必须坚持节约资源和保护环境的基本国策，坚持可持续发展，坚定走生产发展、生活富裕、生态良好的文明发展道路，加快建设资源节约型、环境友好型社会，形成人与自然和谐发展现代化建设新格局，推进美丽中国建设，为全球生态安全做出新贡献。

加快构建自然资源资产产权制度，确定产权主体，创新产权实现形式。保护自然资源资产所有者权益，公平分享自然资源资产收益。深化矿业权制度改革。建立健全生态环境性权益交易制度和平台。

加快改善生态环境。以提高环境质量为核心，以解决生态环境领域突出问题为重点，加大生态环境保护力度，提高资源利用效率，为人民提供更多优质生态产品，协同推进人民富裕、国家富强、中国美丽。

完善国土空间开发许可制度。建立资源环境承载能力监测预警机制，对接近或达到警戒线的地区实行限制性措施。实施土地、矿产等国土资源调查评价和监测工程。提升测绘地理信息服务保障能力，开展地理国情常态化监测，推进全球地理信息资源开发。

加强矿产资源节约和管理。强化矿产资源规划管控，严格分区管理、总量控制和开采准入制度，加强复合矿区开发的统筹协调。支持矿山企业技术和工艺改造，引导小型矿山兼并重组，关闭技术落后、破坏环境的矿山。大力推进绿色矿山和绿色矿业发展示范区建设，实施矿产资源节约与综合利用示范工程、矿产资源保护和储备工程，提高矿产资源开采率、选矿回收率和综合利用率。完善优势矿产限产保值机制。建立矿产资源国家权益金制度，健全矿产资源税费制度，开展找矿突破行动。

（11）2015 年 9 月，国务院印发《生态文明体制改革总体方案》

健全矿产资源开发利用管理制度。建立矿产资源开发利用水平调查评估制度，加强矿产资源查明登记和有偿计时占用登记管理。建立矿产资源集约开发机制，提高矿区企业集中度，鼓励规模化开发。完善重要矿产资源开采回采率、选矿回收率、综合利用率等国家标准。健全鼓励提高矿产资源利用水平的经济政策。建立矿山企业高效和综合利用信息公示制度，建立矿业权人"黑名单"制度。完善重要矿产资源回收利用的产业化扶持机制，完善矿山地质环境保护和土地复垦制度。

完善资源循环利用制度，建立健全资源产出率统计体系，实行生产者责任延伸制度，推动生产者落实废弃产品回收处理等责任。加快建立垃圾强制分类制度。制定再生资源回收目录，对复合包装物、电池、农膜等低值废弃物实行强制回收。加快制定资源分类回收利用标准。建立资源再生产品和原料推广使用制度，相关原材料消耗企业要使用一定比例的资源再生产品。落实并完善资源综合利用和促进循环经济发展的税收政策。制定循环经济技术目录，实行政府优先采购、贷款贴息等政策。

（12）2015 年 5 月，国务院发布《中国制造 2025》

全面推行绿色制造。加大先进节能环保技术、工艺和装备的研发力度，加快制造业绿色改造升级；积极推行低碳化、循环化和集约化，提高制造业资源利用效率；强化产品全生命周期绿色管理，努力构建高效、清洁、低碳、循环的绿色制造体系。

加快制造业绿色改造升级。全面推进钢铁、有色、化工、建材、轻工、印染等传统制造业绿色改造，大力研发推广余热余压回收、水循环利用、重金属污染减量化、有毒有害原料替代、废渣资源化、脱硫脱硝除尘等绿色工艺技术装备，加快应用清洁高效铸造、锻压、焊接、表面处理、切削等加工工艺，实现绿色生产。加强绿色产品研发应用，推广轻量化、低功耗、易回收等技术工艺，持续提升电机、锅炉、内燃机及电器等终端用能产品能效水平，加快淘汰落后机电产品和技术。积极引领新兴产业高起点绿色发展，大幅降低电子信息产品生产、使用能耗及限用物质含量，建设绿色数据中心和绿色基站，大力促进新材料、新能源、高端装备、生物产业绿色低碳发展。

推进资源高效循环利用。支持企业强化技术创新和管理，增强绿色精益制造能力，大幅降低能耗、物耗和水耗水平。持续提高绿色低碳能源使用比率，开展工业园区和企业分布式绿色智能微电网建设，控制和削减化石能源消费量。全面推行循环生产方式，促进企业、园区、行业间链接共生、原料互供、资源共享。推进资源再生利用产业规范化、规模化发展，强化技术装备支撑，提高大宗工业固体废弃物、废旧金属、废弃电器电子产品等综合利用水平。大力发展再制造产业，实施高端再制造、智能再制造、在役再制造，推进产品认定，促进再制造产业持续健康发展。

积极构建绿色制造体系。支持企业开发绿色产品，推行生态设计，显著提升产品节能环保低碳水平，引导绿色生产和绿色消费。建设绿色工厂，实现厂房集约化、原料无害化、生产洁净化、废物资源化、能源低碳化。发展绿色园区，推进工业园区产业耦合，实现近零排放。打造绿色供应链，加快建立以资源节约、环境友好为导向的采购、生产、营销、回收及物流体系，落实生产者责任延伸制度。壮大绿色企业，支持企业实施绿色战略、绿色标准、绿色管理和绿色生产。强化绿色监管，健全节能环保法规、标准体系，加强节能环保监察，推行企业社会责任报告制度，开展绿色评价。

（13）国土资源部发布《矿产资源节约与综合利用先进适用技术推广目录》

2012—2017 年连续 6 批发布 334 矿产资源节约与综合利用先进适用技术，涵盖高效采矿、高效选矿、综合利用和自动化信息化四类；2019 年调整更新了《矿产资源节约与综合利用先进适用技术推广目录》，共发布 360 项先进适用技术，涵盖勘查、高效采矿、高效选矿、综合利用和自动化信息化五类。

（14）其他

① 2013 年 5 月，国土资源部办公厅发布《关于贯彻落实（矿产资源规划编制实施办法）严格规划管理的通知》，总量指标的控制策略应该更加标准化，矿物物种勘探开发应加强按照指数和准入条件的控制。

② 2012 年 6 月，国土资源部发布《关于开展重要矿产资源"三率"调查与评价工作的通知》，提高矿产资源节约与综合利用水平，调整并优化矿业结构。

③ 2012 年 3 月，国土资源部印发《开采总量控制矿种指标管理暂行办法》。

④ 2011 年 6 月，国土资源部出台《国土资源"十二五"规划纲要》，提

出保护性开采，如钨、锡、锑、稀土储备等特定矿种的重要属性，进行矿产资源储备的政策保护和鼓励引导企业进行商业储备，建立和完善相关的法律体系，完善管理机制和运行机制。

⑤ 2010 年 5 月，国土资源部印发《关于开展全国稀土等矿产开发秩序专项整治行动的通知》，目的是逐渐促进优势矿业产业链向更高端深加工方向发展，加快产业结构升级，构建开发秩序监管的长效机制、促进稀土产业升级。

⑥ 2009 年 11 月，国土资源部发布《保护性开采的特定矿种勘查开采管理暂行办法》，强调在实施有计划开采的同时要实施有计划的勘查，逐步实现矿业权的有序投放和资源合理利用。

⑦ 2009 年 1 月，国土资源部发布《全国矿产资源规划（2008—2015年)》。

⑧ 2007 年 12 月，国务院发布《对矿产资源开发进行整合的意见》。

⑨ 2006 年 12 月，国家发改委发布《钨行业准入条件》《锡行业准入条件》《锑行业准入条件》。

⑩ 2006 年 4 月，国土资源部下发《关于下达 2006 年钨矿和稀土矿开采总量控制指标的通知》。

⑪ 2006 年 4 月，国土资源部出台《国土资源"十一五"规划纲要》，为规范市场、应对突发事件、保障资源供应奠定基础，将启动稀土、钨等矿产资源战略储备，逐步推进勘探区域战略储备。

⑫ 2005 年 12 月，国家发改委发布《产业结构调整指导目录（2005 年本)》。

⑬ 2005 年 7 月，国务院办公厅发布《关于加强钨锡锑行业管理的意见》，提出钨、锡、锑是我国重要的优势矿产资源，针对行业中存在的乱采滥挖、生产经营的秩序混乱、产业结构不合理等现象，发挥规划调控作用，加强法规政策的引导。

⑭ 2005 年 7 月，国务院出台《关于加强钨锡锑行业管理的意见》，持续实行出口配额管理，进一步优化钨锡锑行业出口产品的配额分配结构。

⑮ 2001 年 4 月，国务院实施首部《全国矿产资源规划》。

⑯ 2001 年 3 月，国土资源部发布《关于加强钨矿开发管理工作的通知》。

⑰ 2000 年 10 月，对外经贸部发布《关于加强钨行业综合治理有关问题的通知》。

⑱ 1999 年 4 月，国土资源部发布《关于对稀土等八种矿产暂停颁发采矿

许可证的通知》。

⑲ 1999 年 7 月，国土资源部发布《关于对钨业生产经营秩序进行清理整顿的通知》；1990 年 10 月，国务院稀土办发布《关于稀土对外合作和技术出口管理的通知》。

⑳ 1991 年 1 月，国务院发布《关于将钨、锡、锑、离子型稀土矿产列为国家实行保护性开采特定矿种的通知》。

㉑ 1991 年 6 月，国务院发布《关于开采钨、锡、锑、离子型稀土矿产及清理整顿矿山企业中办理采矿登记手续的规定》。

4.2　国外资源安全相关政策分析

4.2.1　美国

美国是世界上最重要的矿产资源生产、消费和贸易国之一，其矿产资源禀赋在世界上仅次于俄罗斯排名第二，生产能力排名第一。美国矿产资源丰富且余缺并存，其中非金属矿资源最为丰富且分布较广，其次是金属矿和能源矿。从地理分布上来看，固体矿产中金属矿产主要分布在西部地区，而中部和东部相对较少；非金属矿产则在东、中、西部各州均有分布。

从美国对进口原材料和加工矿产材料的依赖来看，2016 年美国 50 种非燃料矿产商品的表观消费中进口量占一半以上，其中有 20 种完全依赖进口。中国是最主要的非燃料矿产商品供应国，其次是加拿大。此外，美国是其他 30 种商品的进口国和 16 种非燃料矿产商品的净出口国。

矿产资源依然是美国经济的基石，从采矿、加工和制成品等几个层面来促进美国国内生产总值。因此，美国联邦政府十分重视矿产资源的政策保障并采取了许多措施。从联邦层次上来看，涉及矿产资源与矿业的管理部门主要有内政部、能源部、农业部、劳工部及环境保护局等。这些机构直接或间接与矿产资源和矿业、能源管理有关，其中内政部下属的地质调查局和土地管理局，以及能源部主要负责制定美国矿产资源的发展战略。

美国地质调查局（USGS）是内政部下属唯一的科学部门，研究领域主要集中在核心科学系统、生态系统、能源矿产、环境卫生、土地资源、自然灾害和水资源这 7 个主题。该机构近十多年来制订的矿产资源科学战略计划包括"能源和矿产资源科学战略（2013—2023 年）"、"矿产资源计划"及"极地科学战略计划（2015—2020）"等。

（1）能源与矿产资源科学战略（2013—2023年）

2007年，美国地质调查局启动了《直面明日挑战：美国地质调查局十年科学战略（2007—2017）》以问题为导向的改革，并明确了USGS的7项使命领域，并于2012年在原有战略规划的基础上，重新调整、制定并发布了新的USGS科学战略（2013—2023年），以及相应的战略计划。在USGS的这7大科学使命领域中，能源和矿产调查是重要的使命之一，重点关注新型能源和高技术型矿产，高度关注页岩油（气）、天然气水合物、地热、铊、镉、镓、锂等资源。同时，USGS也高度重视能源和矿产开发的环境影响，并积极从环境的角度为自然资源管理提供支撑。能源与矿产资源领域提出的科学战略为《能源与矿产资源战略——资源生命周期方法》。该战略结合能源与矿产资源需求趋势及其相互关联性将会带来的新挑战，提出了5个战略目标并提出了相应的战略行动，包括：能源和矿产资源形成基本过程的认识；能源和矿产资源及所产生废物的环境行为的认识；能源与矿产资源储量评估；能源和矿产资源对自然资源和社会影响的认识；对能源和矿产供应可靠性和可利用性的认识。

（2）矿产资源计划

矿产资源计划的目的是提供没有偏见的科学和信息，以了解矿产资源潜力、生产、消费，以及矿物与环境的相互作用。该计划的优先科学研究领域主要包括矿物信息与材料流、关键矿物研究、阿拉斯加矿产资源、中大陆地区资源、未探明矿产资源评估等。该计划共有四大目标：①增加对矿产资源形成的理解；②提供矿产资源普查和评估；③扩大对矿产资源之环境与社会影响的认识；④提供矿产资源可用性和可靠性分析。为实现这些目标，提出了5个主要研究领域，包括矿产信息与材料流、关键矿物研究、阿拉斯加矿产资源、中部地区资源及未发现的矿产资源评估。

（3）极地科学战略计划（2015—2020）

美国地质调查局于2014年启动了该计划，计划重点是景观生态系统和自然资源问题，同时为了解极地范围变化的物理过程提供科学基础。最终目的是提供国家资源管理政策并提高北极地区的管理水平。这项计划的主要目标包括6个：为北极沿海社区和生态系统改善科学信息；对北极生态系统及未来的可能变化，进一步进行综合性、景观规模的了解；评估北极景观中的矿物和能源资源，并评估北极资源开发的环境影响；确定北极变化对环境健康的影响；加强对北极独特物理过程的科学认识；改进全州地理空间数据和映射，以满足安全、规划、研究和资源管理合作伙伴的需求。

美国土地管理局在矿产资源领域的主要职责是负责所有矿产资源区域的土地管理工作。早在2011年，土地管理局就发布了"国家级景观保护体系：15年战略（2010—2025）"，提出了4个目标和举措，分别是：保护和恢复特殊区域、国家级景观保护体系与其他机构的协同、启动一项长期公众宣传计划，加强合作、加强沟通和了解这一战略，以促进土地管理局的发展。

此外，土地管理局于2015年3月发布了"先进科学：先进科学实施战略"。

美国能源部在矿产资源方面的职责是统一管理矿产资源的勘探、研究、开发和利用。1998年，美国国家矿业联合会与能源部签署协议，共同研究开发矿业技术，该产业伙伴关系计划被称为"未来矿业计划"。该计划制定了美国到2020年的矿业发展目标，并提出了几个重要的计划，包括：开展针对先进管理技术的研发计划；联邦、各州和地方政府及其支持者建立伙伴关系，以建立法律和监管体系，及时支持并开发高效和对环境友好的采矿项目和产品；开展强有力的公共信息和教育计划，使公众能够了解采矿产品及其衍生价值，并引导民众了解矿业的重要性。在这项计划的引导下也相继制定了一些路线图，包括《矿业交叉领域技术路线图（1999）》、《矿物工艺技术路线图（2000）》、《勘探与开采技术路线图（2002）》和《矿业专业人员教育路线图（2002）》。此外，2002年，美国能源部还发布了《美国采矿工业能源和环境概况》，详细介绍了美国矿业整体情况。随着矿业的快速发展，到2003年发布《采矿工业：未来工业中的水利用》，详细探讨了未来采矿工业所面临的水资源问题。

到2010年，能源部制定首份"关键材料战略"，主要目标是：①全球供应链多样化，以减轻供应风险；②开发材料和技术替代品；③促进回收、再利用和更有效的使用，以显著降低全球对关键材料的需求。报告中研究了稀土金属和其他材料在清洁能源经济中的作用，其主要结论包括：①包括风轮机、电动汽车、光伏电池和荧光灯等多种清洁能源技术，短期内利用材料有供应中断的风险，这些风险通常会在中期和长期减少；②清洁能源技术目前约占全球关键材料消费量的20%。未来随着清洁能源技术的更广泛应用，这一份额会增长；③分析结论认为，在短期内镝、钕、铽、铕和钇这5种稀土金属及铟最为关键；④合理的政策和战略投资可以降低供应中断的风险，尤其是从中长期来看。到 2011 年 12 月，能源部又发布了关键材料战略更新版本，主要更新了关键性的评估、市场分析及技术分析，以解决关键材料的挑战。报告中评估了用于风轮机、电动汽车、光伏电池和荧光灯中的 16 种关键元素，认为在短期内（至 2015 年）镝、铽、铕、钕和钇这 5 种稀土元素至关重要，这 5 种稀土元素主要用于风轮机磁铁、电动汽车和节能照明中荧光粉。其他元素如铈、铟、镧和碲认为比较关键；在短中期之间（2015—2025 年），清洁能源的重要性和某些材料的供应风险发生变化，钕、镝、铕、钇和铽元素至关重要，而锂和碲被认为比较关键。

4.2.2 欧盟

欧盟高度依赖金属矿产进口，因为其本地产量很有限，约占世界总产量的 3%，其金属矿产供应远远不能达到自给。可持续的、有保障的和有支付力的原材料供应，是保持欧盟工业竞争力的一个重要因素。因此，欧盟急需共同的矿产政策来协调国际和欧盟市场，保证欧盟的矿产供应。2008 年 11 月，欧盟委员会公布了原材料整体战略《欧盟原材料倡议满足我们对欧洲增长与就业的关键需求》，试图从 3 个方面来保障欧盟的原材料供应：在国际层面上，消除第三国对原材料贸易的限制性做法，以积极的外交、贸易和发展政策，来确保从欧盟以外获取资源；挖掘欧盟内部矿产资源潜力，改善内部经济条件，促进原材料可持续供应；提高资源使用效率和促进再循环。原材料整体战略基于以下三大支柱：确保能以其他工业化竞争者相同的条件从国际市场获取原材料；在欧盟内设置正确的框架条件来促进来自欧洲的原材料的可持续供应；增进整体资源效率并促进再循环，以减少欧盟的初级原材料消耗并降低相关的进口依赖性。此战略中建立了 10 项行动方案，如表 4.2 所示。基于此战略规划，2010 年 6 月，欧盟委员会发布题为 "对欧盟生死攸关的原材料" 的报告。报告在分析 41 种矿产资源对经济的影响和供应风险的基础上，将其中 14 种重要矿产原料列入紧缺名单。这 14 种矿产原料是：锑、铍、钴、萤石、镓、锗、石墨、铟、镁、铌、铂族金属、稀土（包括钪、钇和镧系共 17 种稀有金属）、钽和钨。关键原材料评估中通过使用定量指标的若干公式计算关键性矩阵内的每种原材料的横纵坐标的量化数据，即经济重要性（Economic importance，EI）和供应风险（Supply risk，SR）。此方法较少依赖于专家判断，而侧重于明确可量化的评估，增强了关键矩阵内坐标的透明度。欧盟原料关键性研究每三年更新一次。2014 年，新的关键性原材料评估报告中评价范围涵盖 54 种原材料，其中 21 种被评为关键原材料。硼酸盐、焦煤、菱镁矿、磷石、硅金属、锂、铬新增为欧盟紧缺矿产资源。2017 年更新的欧盟关键原材料判断指标的计算方法如式（4－1）及式（4－2）。与之前研究相比，报告涵盖的材料范围扩展到 61 种，新增重晶石、铪、钪、钽、钒、天然橡胶为关键原材料资源。关键性的计算方法和阈值也同步进行优化调整。

$$SR = \sigma \times IR \times (1-\rho) \ HHI \qquad\qquad (4-1)$$

式中，σ 为与生产、合作生产有关的材料可替代性；IR 为进口依赖性；ρ 为二次资源回用比例；HHI 描述了该原料在国家层面的生产集中度和生产国政治治理状况。

$$EI = \frac{\sigma}{GDP} \Sigma \ (A \times Q) \qquad\qquad (4-2)$$

式中，σ 为与生产、合作生产有关的材料可替代性；A 为原料在部门中所占的需求份额；Q 为对应行业的价值；GDP 为各行业的生产总值。

表 4.2　欧盟原材料整体战略 10 项行动方案

项目编号	行动方案
1	确定关键的原材料
2	开展与主要原料工业化和资源丰富的国家之间的欧盟战略性原材料外交
3	在适当的情况下，在所有双边和多边贸易协定和监管对话中，加入关于获取和可持续管理原材料的规定
4	利用一切现有的机制和手段（包括 WTO 谈判、争端解决和市场准入的伙伴关系），对第三方国家采取的贸易扭曲措施进行确认并提出异议，并优先处理那些对开放的国际市场破坏最大、不利于欧盟的举措。通过发布关于贸易方面执行情况的年度进展报告来监测进展，在适当的情况下，也会发布利益相关者投入的图表
5	通过预算支持、合作战略和其他方式，在发展政策方面促进原材料的可持续获取
6	通过以下措施，改进与土地获取相关的管制框架：促进在土地利用规划和勘探开采管理条件方面最佳实践的交流；针对 Natura 2000 及其附近区域的开采活动和环境保护之间的协调问题，制定明确的指导方针

项目编号	行动方案
7	鼓励各国地质调查局之间更好地网络化，提升欧盟的知识基础
8	在创新勘探与开采技术、回收利用、材料的可替代性和资源效率方面，促进技术发展并开展集中研究
9	提高资源效率，发展原材料的替代品
10	促进原材料的循环利用，并在欧盟推动辅助原材料的利用

4.2.3　日本

日本是一个矿产资源非常匮乏的国家，据经济产业省的数据显示，日本有储量的矿种仅有 12 种。日本是金属资源小国，却是有色金属消费大国，对许多矿产品的需求量均居世界首位，并对多种有色金属的进口依赖度在 95%以上。日本关键矿产被广泛应用于汽车、飞机、电子、可再生能源、化学等产业。据日本贸易振兴机构统计，一般机械、电气设备、运输设备、科学仪器等机电制造业是日本主要出口产业。其中，电气设备（含半导体元器件、影像设备、集成电路、电池等）占机电制造业出口额的 17.90%，运输设备（含汽车、摩托车、汽车零部件、船舶等）占机电制造业出口额的 23.50%，关键矿产的广泛利用促进了日本经济快速发展。

自 2006 年以来，日本持续关注关键矿产保护方面的政策。2006 年，受飞涨的原油价格、日趋紧张的国际能源形势的影响，基于全球节能减排目标，日本政府推出政策推动海外矿产开发及供应来源多元化、提高稀有金属等关键矿产的供给安全。2009 年，经济危机后的世界经济逐渐复苏，对关键矿产的需求量不断增加，国际关键矿产供需趋紧、价格回升。与此同时，随着新兴国家产业结构转型、资源环境保护意识增强，日本的政策目标扩展至关键矿产的回收与海外开发、利用的资金支持。2014 年，日本矿产业务活动受中国稀土出口配额减少，以及印度尼西亚限制矿产出口的影响巨大，日本政府提出建立关键矿产的储备与研发替代相关支持政策。

日本根据供应风险（储量、产量和出口量）及需求前景，不断更新和完善关键矿产清单。2009 年，日本政府在《稀有金属保护战略》中定义了 31种矿种为稀有金属，并且制定了相关的稀有金属替代材料开发计划。2012 年，日本在《资源保障战略》中确定 30 种矿产为关键矿产。2014 年，日本经济产业省发布了《稀有金属和稀土的现状（优先回收 5 种矿产）》，选择 23 种关键矿产作为重要矿产，并确定 14 种关键矿产为优先回收、5 种关键矿产为重点回收（钕、镝、钴、钨、钽）。

4.2.4　澳大利亚

澳大利亚占据世界矿产资源的主导地位，澳大利亚是世界铁矿石、冶金煤、氧化铝和铝土矿主要出口国，黄金、动力煤和液化天然气出口排名世界第 2 位，铀和锌产量居世界第 3 位。澳大利亚联邦政府为了保持矿业的全球竞争力，促进资源财富最大化，出台了一系列新的国家矿产资源政策性报告和具体举措，总的趋势是澳大利亚矿业向需求驱动转型，鼓励投资矿产勘查新区，发现新的勘查机会，刺激新的重大发现，在巩固原有大宗矿产开发的同时，重点关注清洁能源和关键矿产，延长产业链，增加价值链。

澳大利亚从 2017 年开始制定关键矿产保护的相关政策，加快在关键矿产战略方面的布局，并于 2019 年确定了关键矿产清单，出台的政策文本数量急速上升。2017 年以来，澳大利亚先后出台《2017—2022 年国家矿产资源勘查战略》《释放澳大利亚未来发展机遇路线图》《揭开澳大利亚未来油气产业发展机遇的路线图》《澳大利亚采矿设备、技术和服务行业战略》《"资源 2030"工作组报告》《澳大利亚国家资源政策声明》《澳大利亚关键矿产战略（2019）》，形成了新的比较完备的矿产资源政策框架。

2019 年 3 月，澳大利亚贸易、旅游和投资部发布了《澳大利亚的关键矿物战略 2019》，该战略首次确定了 24 种关键矿产清单，以确保澳大利亚矿产部门能够生产出可靠且具有成本竞争力的关键矿产，成为全球关键矿产的主要供应国。在澳大利亚的"关键性"标准中，经济重要性是首要考虑的指标。澳大利亚的关键矿产显示出很大的经济潜力，在全球市场价值中处于优势地位。其中，澳大利亚的锂储量位居世界第 3 位，提供了全球 33% 的锂产量，钽及锆的资源储量均居世界第 1 位，全球市场价值排名位居前列（表 4.3）。

表 4.3 2006—2019 年美国、欧盟、澳大利亚与日本的主要政策文本

国家（地区）	时间	部门	政策名称（译文）	政策名称（原文）
美国	2008 年	美国国家研究理事会、美国地球科学与生命研究处、美国地球科学与资源委员会、美国经济重大矿物影响委员会、美国地球资源委员会	矿物、重要矿物和美国经济	Minerals, Critical Minerals, and the U. S. Economy
	2008 年 12 月	美国国防部	战略材料保护委员会议报告	Report of Meeting Strategic Materials Protection Board
	2010 年 12 月	美国能源部	2010 年关键材料战略	2010 Critical Materials Strategy
	2011 年 7 月	美国公共事务委员会和材料研究协会	能源关键要素	Energy Critical Elements
	2011 年 12 月	美国能源部	2011 年关键材料战略	2011 Critical Materials Strategy Report
	2013 年 1 月	美国国防部	2013 年战略和关键材料储存需求报告	Strategic and Critical Materials 2013 Report on Stockpile Requirements
	2013 年 3 月	美国众议院	2013 年确保能源关键要素和美国就业法	Securing Energy Critical Elements and American Jobs Act of 2013
	2015 年 3 月	美国国会研究部	中国资源产业政策背景下美国获取战略性和危机性矿产资源的路径	China's Mineral Industry and U. S. Access to Strategic and Critical Minerals: Issues for Congress
	2016 年 3 月	美国国家科学技术委员会	关键矿物的评估:筛选方法学和初步应用	Assessment of Critical Minerals: Screening Methodology and Initial Application
	2017 年 3 月	美国地质调查局	阿拉斯加的关键矿产资源潜力研究分析	Geospatial Analysis Identifies Critical Mineral Resource Potential in Alaska

续表

国家 (地区)	时间	部门	政策名称(译文)	政策名称(原文)
美国	2017 年 12 月	美国总统行政命令	确保危机矿产安全和供应的联邦战略	Federal Strategy to Ensure the Safe and Secure Supply of Endangered Minerals
	2017 年 12 月	美国内政部	危机矿产独立与安全	Crisis Mineral Independence and Safety
	2017 年 12 月	美国国家科学技术委员会、美国关键和战略矿产供应链小组委员会和行政命令	确保安全可靠的关键矿物质供应的联邦战略	A Federal Strategy to Ensure Secure and Reliable Supplies of Critical Minerals
	2018 年 2 月	美国关键和战略矿产供应链小组委员会、美国环境自然资源与可持续发展委员会、美国国家科学技术委员会	关键矿物质评估:筛选方法的更新应用	Assessment of Critical Minerals: Updated Application of Screening Methodology
	2018 年 2 月	美国能源部	美国 2019 财年预算计划	Fiscal Year 2019 Budget Estimates
	2018 年 2 月	美国内政部	危机矿产清单草案	Draft List of Critical Minerals
	2018 年 5 月	美国内政部	对 35 种被认为对美国国家安全和经济至关重要的矿产清单草案征求公众意见	Nterior Seeks Public Comment on Draft List of 35 Minerals Deemed Critical to U. S. National Security and the Economy
	2019 年	美国内政部、美国地质调查局	地球测绘资源计划:测绘国家的关键矿产资源	The Earth Mapping Resources Initiative (Earth MRI): Mapping the Nation's Critical Mineral Resources
	2019 年 4 月	美国能源与自然资源委员会、美国参议院	美国能源与自然资源委员会的历史、管辖权和活动摘要	A Summary of Activities of The Committee on Energy and Natural Resources During the 115th Congress Committee on Energy and Natural Resources United States Senate

续表

国家 (地区)	时间	部门	政策名称(译文)	政策名称(原文)
美国	2019 年 5 月	美国地质调查局	USGS 关键矿物审查	USGS Critical Minerals Review
	2019 年 6 月	商务部	确保关键矿物安全可靠供应的联邦战略	Federal Strategy to Ensure the Safe and Secure Supply of Endangered Minerals
	2019 年 6 月	美国国会研究部	关键矿产和美国公共政策	Critical Minerals and U. S. Public Policy
欧盟	2008 年 4 月	欧洲议会	原材料和商品贸易	Trade in Raw Materials and Commodities
	2008 年 7 月	欧盟委员会	可持续消费与生产与可持续产业政策研究行动计划	On the Sustainable Consumption and Production and Sustainable Industrial Policy Action Plan
	2008 年 11 月	欧盟委员会	原材料计划——满足我们对欧洲增长和就业的关键需求	The Raw Materials Initiative—Meeting Our Critical Needs for Growth and Jobs in Europe
	2010 年 6 月	欧盟委员会	14 种关键矿物原料报告	Report Lists 14 Critical Mineral Raw Materials
	2010 年 11 月	欧盟委员会	贸易、增长与世界事务	Trade, Growth and World Affairs
	2011 年 9 月	欧洲议会	关于欧洲原材料的策略	An Effective Raw Materials Strategy for Europe
	2011 年 11 月	欧盟委员会	地平线 2020	Horizon 2020
	2012 年 10 月	欧洲议会和理事会	应用广义关税优惠计划	Applying a Scheme of Generalised Tariff Preferences and Repealing Council Regulation (EC) No 732/2008
	2013 年 6 月	欧盟委员会	关于原材料计划的实施	On the Implementation of the Raw Materials Initiative
	2014 年 5 月	欧盟委员会	关于审查欧盟关键原材料清单和实施原材料计划	On the Review of the List of Critical Raw Materials for the EU and the Implementation of the Raw Materials Initiative

国家 (地区)	时间	部门	政策名称(译文)	政策名称(原文)
欧盟	2015 年 12 月	欧盟委员会	闭环—欧盟循环经济行动计划	Closing the Loop: an EU Action Plan for the Circular Economy
	2015 年 12 月	欧洲议会	关于发展欧洲基础工业的决议	Developing a Sustainable European Industry of Base Metals
	2016 年 7 月	欧盟委员会	欧盟对中国原材料出口限制采取法律行动	EU Takes Legal Action Against Export Restrictions on Chinese Raw Materials
	2017 年 1 月	欧盟委员会	实施循环经济行动计划	On the Implementation of the Circular Economy Action Plan
	2017 年 9 月	欧盟委员会与欧洲议会、欧洲理事会、欧洲经济和社会委员会	2017 年欧盟关键原材料清单	On the 2017 List of Critical Raw Materials for the EU
	2017 年 9 月	欧盟委员会	欧盟委员会授权条例并修订欧洲议会和理事会第 978/2012 号条例(欧盟)有关商品关税优惠计划	Amending Annexes V and IX to Regulation (EU) No 978/2012 of the European Parliament and of the Council Applying a Scheme of Generalised Tariff Preferences
	2017 年 9 月	欧洲议会和理事会	欧盟工业政策战略	Industrial Policy Strategy
	2018 年 1 月	欧盟委员会	关键原材料与循环经济报告	Report on Critical Raw Materials and the Circular Economy
	2019 年 3 月	欧盟委员会	实施循环经济行动计划	On the Implementation of the Circular Economy Action Plan
	2019 年 3 月	欧洲议会和理事会	关于爆炸物前体的营销和使用的法规	On the Marketing and Use of Explosives Precursors, Amending Regulation (EC) No 1907/2006 and repealing Regulation (EU) No 98/2013
	2019 年 6 月	欧盟委员会	修订关于对朝鲜民主主义人民共和国采取限制性措施的理事会条例	Amending Council Regulation (EU) 2017/1509 Concerning Restrictive Measures against the Democratic People's Republic of Korea

续表

国家 (地区)	时间	部门	政策名称(译文)	政策名称(原文)
澳大利亚	2017 年	国家地球科学委员会	2017—2022 国家矿产资源勘查战略	2017 – 2022 National Mineral Exploration Strategy
	2017 年	澳大利亚地球科学局	2028 战略	STRATEGY 2028
	2017 年 3 月	澳大利亚科学和工业研究组织	释放澳大利亚未来发展机遇路线图	Technology and Services Roadmap-unlocking Future Growth Opportunities for Australia
	2017 年 7 月	国家地球科学委员会	地球科学十年	Our Planet, Australia's Future: A Decadal Plan For Australian Geoscience
	2018 年 9 月	2030 年特别工作组	2030 年资源特别工作组报告	Resources 2030 Taskforce
	2019 年 2 月	工业部	国家资源声明	National Resources Statement
	2019 年 3 月	澳大利亚贸易、旅游和投资部	澳大利亚的关键矿物战略 2019	Australia's Critical Minerals Strategy
	2019 年 3 月	澳大利亚贸易委员会	澳大利亚关键矿物招股说明书	Australian Critical Minerals Synopsis
	2019 年 4 月	北部领土政府	领土关键矿产计划	Prospectus the Territory Critical Minerals Plan
	2019 年 9 月	澳大利亚工业创新科学部	2019 年澳大利亚特定关键矿物展望报告	Outlook for Selected Critical Minerals

续表

国家 (地区)	时间	部门	政策名称(译文)	政策名称(原文)
日本	2006 年 3 月	经济产业省	新国家能源战略	新・国家エネルギー戦略
	2008 年 3 月	内阁和经济产业省	资源保护方针	資源確保指針
	2009 年 1 月	经济产业省	经济产业省关于稀少金属替代材料开发计划	元素戦略/希少金属代替材料開発
	2009 年 7 月	经济产业省	稀有金属保护战略	レアメタル確保戦略
	2011 年 10 月	经济产业省和外务省	海外矿物资源集成保障制度	海外鉱物資源確保ワンストップ体制
	2012 年 6 月	经济产业省	资源保障战略	資源確保戦略
	2018 年 3 月	经济产业省资源能源厅	世界各行业的矿产现状	世界の産業を支える鉱物資源について知ろう
	2018 年 7 月	内阁和经济产业省	能源基本规划	エネルギー基本計画
	2019 年 2 月	经济产业省	海洋能源矿物资源开发计划	海洋エネルギー・鉱物資源開発計画

第五章　展望

为支撑我国将成为制造业强国的发展战略,妥善应对国际矿业局势,缓解潜在的资源供给风险,为布局新兴战略技术产业提供可靠的参考意见,本报告基于我国特有国情,以资源利用全产业链为基础建立了耦合资源供给指数、国民经济指数、环境风险指数的金属资源关键性评价方法。本报告评价了64种元素,其中24种为二维关键性较高的金属资源、19种为三维关键性较高的金属资源,得到我国未来应更关注的关键金属清单。

本报告翔实提供了我国金属资源的储量、分布、进出口贸易现状,描绘出我国关键材料目前供需平衡下的具体物流组成图;梳理了金属资源的消费结构,明晰相关行业涉及的关键金属种类,并提供终端用途中材料的可替代性,评估出每种关键金属对我国国民经济行业的整体贡献;融合生态文明设计理念,耦合金属自身毒性对环境影响和生产过程"三废"排放对环境负荷贡献,衡量出基于我国环境特点的关键金属资源种类。基于本报告提供的关键金属资源清单,更清晰地了解未来我国新兴战略行业相关矿产资源现状,在经济建设和生态文明协同发展的同时,可有针对性地布局关键资源提取、回收技术和新材料研发升级工作的开展。

影响金属资料关键性的因素复杂多样,本报告中建立方法过程力争全面系统科学,但尚有不足及局限性。①技术的更新换代及应用将极大地影响对原材料的需求,进而影响材料关键性的顺序。原材料替代技术的进步、一次资源提取技术的优化和二次资源回收技术的发展都将改变原材料的需求布局,国际矿产资源形势、我国资源供需平衡都将重新定位。行业技术的更新及应用、发展涉及的金属资源将在下一步优化方法时进行考虑。②本报告中未考虑金属材料未来需求预测及矿产储量消耗年限,金属关键性中供给安全指数为静态评估。可在供应可持续性风险参数中补充金属资源未来需求预测和矿产储量消耗年限指数,结果将更准确、科学。本方法中国民经济指数中的资源价值属性参数与材料市场价值实时相关,具有动态波动性,需随市场行情及时同步更新。③本方法中考虑了国家经济政治稳定性及相关政策对金属资源关键性的影响,但相关参数更新时间为一年,突发性事件的影响不能实时反馈,反映出的结果具有一定的滞后性。例如,今年年初爆发的全球性新冠肺炎疫情,各国纷纷采取一定程度的封闭应对措施,势必限制国际交通流动,导致金属资源的供给安全深受影响。但由于目前此方面数据缺失难获得,本次评价结果中尚未反映,应在未来优化方法中设置突发性事件系数。④报告中金属资源终端用途价值的计算中采用了中国统计局对国民经济的大分类,用此来估算较粗略,未来可细化每种金属资源对应用途的国民经济各行业分类,使结果更准确。⑤现有评估使用数据存在数据涵盖年份、数据滞后等问题,未来将与发布或提供公开数据的组织机构(如欧盟统计局、经合组织、国家统计部门、地质调查局、贸易组织、国家环保部门、行业协会和其他机构等)开展更密切地合作,进一步提高关键性评估中使用的全球及中国生产和贸易统计数据的质量和可靠性。可与这些官方数据提供者,如某些国家、部门等进行定期具体专题的数据报告讨论,更加科学详尽地改进和解释所报告的数据。特别注意,必须确保报告中数据的连贯一致性,评估结果才具有可比性。

世界格局风云变幻,新时期世界大国之间的博弈集中于关键矿产资源的安全供给,各国势必更加注重未来资源的供应可持续性。欧盟、美国、日本、澳大利亚等国家和地区正持续推进关键原材料的相关评价研究,我们后续也将在本报告的基础上进一步开展和完善我国关键金属资源的评价工作,为我国积极应对国际资源形势,提升优势矿产资源的国际战略地位提供支撑。

第六章 附录

附录 A

文中相关数据与数据来源

附表 A·1 我国原材料消费结构与终端用途价值、可替代性参数

元素	用途	用途占比	对应经济价值(亿元)	总经济价值(亿元)	可替代性	每种用途对应可替代性	SI
铝（Al）	交通	22%	8177.97	83381.44	0.7	0.154	0.56
	建筑	34%	18 806.69		0.5	0.17	
	包装	11%	26 455.59		0.5	0.055	
	耐用消费品	8%	6212.66		0.5	0.04	
	机械制造	8%	19 240.43		0.7	0.056	
	电力、电子通信	17%	4488.10		0.5	0.085	
铬（Cr）	冶金(不锈钢、合金钢、合金)	90%	216 454.86	232 363.04	1	0.9	1.00
	耐火材料及铸铁	5%	12 025.27		1	0.05	
	化工	5%	3882.91		1	0.05	
钴（Co）	电池材料	77%	185 189.16	217 702.30	0.8	0.616	0.78
	硬质合金	8%	19 240.43		0.7	0.056	
	磁性材料	4%	9620.22		0.7	0.028	
	高温合金	4%	2212.55		0.7	0.028	
	催化剂	3%	792.02		0.7	0.021	
	其他	4%	647.94		0.7	0.028	
铜（Cu）	建筑	2%	1106.28	149 513.80	0.5	0.01	0.55
	电力	53%	127 467.86		0.5	0.265	
	交通运输	9%	3345.53		0.5	0.045	
	空调冰箱	12%	9318.98		0.5	0.06	
	电子	6%	1584.04		0.7	0.042	
	其他	18%	6691.07		0.7	0.126	

续表

元素	用途	用途占比	对应经济价值(亿元)	总经济价值(亿元)	可替代性	每种用途对应可替代性	SI
镓 (Ga)	光电子器件	41%	10 824.25	64 629.66	0.7	0.287	0.63
	集成电路	25%	6600.15		0.7	0.175	
	合金、医学,其他	17%	40 885.92		0.5	0.085	
	太阳能电池	17%	6319.34		0.5	0.085	
铟 (In)	平板显示器	70%	18 480.42	51481.05	0.7	0.490	0.69
	电子半导体	12%	3168.07		0.7	0.084	
	焊料、合金	12%	28 860.65		0.7	0.084	
	研究	6%	971.91		0.5	0.030	
铁 (Fe)	建筑用钢	44%	24 338.07	79 130.22	1.0	0.440	0.95
	运输用钢	28%	10 408.33		1.0	0.280	
	机械设备	9%	21 645.49		0.7	0.063	
	能源	6%	14 430.32		0.7	0.042	
	电器	5%	3882.91		1.0	0.050	
	其他	8%	4425.10		1.0	0.080	
铅 (Pb)	铅酸电池	93%	34 570.52	44 892.01	1.0	0.930	0.97
	铅化合物	4%	3106.33		0.7	0.028	
	焊料	3%	7215.16		0.5	0.015	
锂 (Li)	电池材料	51%	18 958.03	54 552.17	0.9	0.459	0.77
	陶瓷玻璃	13%	10 095.57		0.7	0.091	
	润滑油	15%	11 648.73		0.7	0.105	
	药物生产	8%	6212.66		0.7	0.056	
	染料吸附剂	5%	3882.91		0.5	0.025	
	催化生产	4%	3106.33		0.5	0.020	
	其他	4%	647.94		0.3	0.012	
镁 (Mg)	镁铝合金	29%	22 520.88	240 505.40	0.7	0.203	0.94
	压铸制品	34%	81 771.84		0.7	0.238	
	镁铝合金	29%	69 746.57		0.9	0.261	
	金属还原	14%	33 670.76		0.7	0.098	
	炼钢脱硫	11%	26 455.59		0.5	0.055	
	球墨铸铁	10%	24 050.54		0.7	0.070	
	稀土镁合金	2%	4810.11		0.7	0.014	

续表

元素	用途	用途占比	对应经济价值(亿元)	总经济价值(亿元)	可替代性	每种用途对应可替代性	SI
锰(Mn)	炼钢炼铁	90%	216 454.86	220 398.70	1.0	0.900	1.00
	冶金航空	5%	1858.63		1.0	0.050	
	电池	3%	792.02		1.0	0.030	
	农业	2%	1293.20		1.0	0.020	
碳(C)	电极	39%	14 497.31	84 562.18	1.0	0.390	0.75
	其他	28%	4535.58		0.5	0.140	
	耐火材料	20%	48 101.08		0.7	0.140	
	润滑剂	6%	4659.49		0.5	0.030	
	炼钢	5%	12 025.27		0.7	0.035	
	刹车片	2%	743.45		0.7	0.014	
镍(Ni)	不锈钢	82%	197 214.43	218 998.90	0.7	0.574	0.71
	电池材料	9%	2376.05		0.7	0.063	
	电镀	3%	7215.16		0.7	0.021	
	合金和铸造	5%	12 025.27		1.0	0.050	
	其他	1%	167.97		0.5	0.005	
磷(P)	食物添加剂	10%	6466.00	131 486.10	1.0	0.100	0.98
	肥料	43%	33 393.03		1.0	0.430	
	食品、医药	37%	88 987.00		1.0	0.370	
	电子工业	10%	2640.06		0.8	0.080	
铂族金属(PGMs)	催化剂	55%	132 277.97	152 999.50	1.0	0.550	0.86
	珠宝	17%	1130.13		0.5	0.085	
	电子器件	10%	2640.06		1.0	0.100	
	化学品	7%	5436.07		1.0	0.070	
	其他	6%	3879.60		0.5	0.030	
	医用合金	3%	7215.16		0.3	0.009	
	石油生产	2%	420.51		1.0	0.020	

续表

元素	用途	用途占比	对应经济价值(亿元)	总经济价值(亿元)	可替代性	每种用途对应可替代性	SI
稀土元素(REEs)	催化剂	19%	14 755.06	70 998.07	1.0	0.190	0.95
	永磁体	25%	6600.15		1.0	0.250	
	抛光粉	14%	10 872.15		1.0	0.140	
	电池	14%	5204.16		1.0	0.140	
	冶金	9%	21 645.49		0.7	0.063	
	汽车催化剂	7%	2602.08		0.9	0.063	
	玻璃添加剂	6%	4659.49		0.9	0.054	
	荧光粉	6%	4659.49		0.9	0.054	
硅(Si)	有机硅	44%	34 169.61	117 467.48	0.7	0.308	0.80
	硅合金	32%	76 961.73		1.0	0.320	
	多晶硅	24%	6336.14		0.7	0.168	
银(Ag)	珠宝、银器、硬币	38%	29 510.12	62 280.92	0.7	0.266	0.72
	电子电器	30%	7920.18		1.0	0.300	
	其他	29%	22 520.88		0.5	0.145	
	摄像	3%	2329.75		0.3	0.009	
硫(S)	硫酸及化学品	90%	69 892.38	74 346.11	1.9	0.900	0.97
	药品	3%	570.82		0.9	0.027	
	橡胶制品	5%	3882.91		0.8	0.040	
碲(Te)	冶金工业	42%	11 088.25	82 067.85	0.3	0.126	0.41
	化学工业和催化剂	21%	5544.13		0.7	0.147	
	光伏太阳能板	26%	62 531.40		0.3	0.078	
	电子和其他	11%	2904.07		0.5	0.055	
钛(Ti)	化工	46%	35 722.77	104 123.40	0.3	0.138	0.46
	航空	15%	5575.89		0.5	0.075	
	体育休闲	15%	36 075.81		0.5	0.075	
	冶金	8%	19 240.43		0.7	0.056	
	制盐	8%	6212.66		0.7	0.056	
	其他	8%	1295.88		0.7	0.056	

元素	用途	用途占比	对应经济价值(亿元)	总经济价值(亿元)	可替代性	每种用途对应可替代性	SI
钒 (V)	钒铁和钒氮合金	85%	204 429.59	210 005.50	0.7	0.595	0.70
	飞机发动机、叶片	8%	2973.81		0.7	0.056	
	磁性材料	5%	1858.63		0.5	0.025	
	超导合金	2%	743.45		0.7	0.014	
锌 (Zn)	镀锌	48%	115 442.59	143 067.90	0.7	0.336	0.68
	压铸锌	18%	6691.07		0.5	0.090	
	氧化锌	9%	6989.24		0.7	0.063	
	黄铜	13%	10 095.57		1.0	0.130	
	电池	9%	3345.53		0.5	0.045	
	其他	3%	503.92		0.5	0.015	
锑 (Sb)	阻燃剂	60%	46 594.92	57 269.14	0.7	0.420	0.62
	电池、轴承	20%	7434.52		0.7	0.140	
	医药、其他	20%	3239.7		0.3	0.060	
锗 (Ge)	纤维光纤	30%	7920.18	68 767.84	1.0	0.300	0.81
	红外光纤	20%	15 531.64		0.7	0.140	
	聚合催化剂	20%	5280.12		0.8	0.160	
	电子和太阳能器件	15%	3960.09		0.7	0.105	
	其他(冶金、荧光粉)	15%	36 075.81		0.7	0.105	
镉 (Cd)	镍镉电池	86%	22 704.52	33 064.09	0.5	0.430	0.52
	颜料	9%	6989.24		0.7	0.063	
	涂料	4%	3106.33		0.5	0.020	
	合金、太阳能电池板	1%	264.01		0.5	0.005	
砷 (As)	化学品	26%	6864.16	33 584.08	0.5	0.130	0.65
	LED	25%	6600.15		0.7	0.175	
	印刷合金	17%	13 201.89		0.7	0.119	
	太阳能	17%	4488.10		0.7	0.119	
	其他	15%	2429.78		0.7	0.105	

续表

元素	用途	用途占比	对应经济价值(亿元)	总经济价值(亿元)	可替代性	每种用途对应可替代性	SI
钼 (Mo)	钢铁工业	80%	192 404.32	204 981.59	1.0	0.800	1.00
	化工	10%	7765.82		1.0	0.100	
	电子电气技术	4%	671.89		1.0	0.040	
	医药	2%	1553.164		1.0	0.020	
	农业	4%	2586.40		1.0	0.040	
钨 (W)	硬质合金	51%	122 657.75	202 900.90	0.7	0.357	0.70
	钨钢	30%	72 151.62		0.7	0.210	
	钨材	13%	3432.08		0.7	0.091	
	钨化工	6%	4659.49		0.7	0.042	
金 (Au)	珠宝	50%	38 829.10	49 939.07	0.7	0.35	0.79
	电子器件	37%	9768.22		1.0	0.370	
	金币	8%	531.82		0.5	0.040	
	其他	5%	809.93		0.5	0.025	
铋 (Bi)	电子行业显像管	40%	10 560.24	77 548.72	1.0	0.400	0.92
	制药	28%	21 744.30		0.9	0.252	
	合金及焊料	13%	31 265.70		0.8	0.104	
	冶金工业添加剂	18%	13 978.48		0.9	0.162	
铍 (Be)	工业部件、航天	22%	52 911.19	94 130.89	0.9	0.198	0.83
	电子消费	21%	5544.13		0.9	0.189	
	汽车电子行业	16%	5947.62		0.7	0.112	
	国防军工	9%	21 645.49		0.9	0.081	
	电信	8%	2112.05		1.0	0.080	
	能源	7%	2602.08		0.7	0.049	
	医药	1%	776.58		0.9	0.009	
	其他	16%	2591.76		0.7	0.112	
硼 (B)	玻璃陶瓷	80%	62 126.56	70 895.16	0.5	0.400	0.50
	杀虫剂	8%	6212.66		0.5	0.040	
	半导体	6%	1584.04		0.5	0.030	
	其他	6%	971.91		0.5	0.030	

续表

元素	用途	用途占比	对应经济价值(亿元)	总经济价值(亿元)	可替代性	每种用途对应可替代性	*SI*
铯 （Cs）	光学仪器	32%	9573.86	33 173.30	1.0	0.320	0.99
	太阳能电池	20%	7434.52		1.0	0.200	
	导航卫星监测仪器	40%	14 869.04		1.0	0.400	
	其他	8%	1295.88		0.9	0.072	
汞 （Hg）	催化剂	70%	11 758.04	25 364.60	0.9	0.630	0.80
	科学测量仪	9%	2692.65		0.5	0.045	
	药物	8%	6212.66		0.5	0.040	
	蒸汽灯	5%	3882.91		0.5	0.025	
	电极	3%	485.96		0.5	0.015	
	雷汞	5%	332.39		1.0	0.050	
铌 （Nb）	钢铁	85%	204 429.59	240 505.40	0.7	0.595	0.70
	高温合金	15%	36 075.81		0.7	0.105	
铼 （Re）	高温涡轮发动机部件的高温合金	80%	29 738.08	36 774.82	0.9	0.720	0.90
	石油重整催化剂	15%	3153.83		1.0	0.150	
	其他坩埚、电磁铁加热元件	5%	3882.91		0.7	0.035	
铷 （Rb）	军工	33%	79 366.78	97 952.02	0.7	0.231	0.69
	科技	33%	9873.04		0.7	0.231	
	光电池、光电管	33%	8712.20		0.7	0.231	
钪 （Sc）	铝钪合金	58%	139 493.13	159 807.80	0.8	0.464	0.83
	激光材料	9%	2376.05		1.0	0.090	
	超导及其他材料	15%	3960.09		1.0	0.150	
	电光源材料	18%	13 978.48		0.7	0.126	
硒 （Se）	冶金	10%	24 050.54	136 001.2	1.0	0.100	0.71
	玻璃制造	35%	27 180.37		0.7	0.245	
	农业	5%	3233.00		0.7	0.035	
	化学品和颜料	10%	7765.82		0.5	0.050	
	电子产品	30%	72 151.62		0.7	0.210	
	其他	10%	1619.85		0.7	0.070	

续表

元素	用途	用途占比	对应经济价值(亿元)	总经济价值(亿元)	可替代性	每种用途对应可替代性	SI
锶 (Sr)	钻井液	64%	13 456.32	49 340.31	0.7	0.448	0.79
	陶瓷铁氧体磁体	12%	9318.98		1.0	0.120	
	烟火信号	12%	9318.98		1.0	0.120	
	电解锌	3%	7215.16		0.7	0.021	
	合金	3%	7215.16		1.0	0.030	
	颜料	3%	2329.75		1.0	0.030	
	其他	3%	485.96		0.7	0.021	
钽 (Ta)	航空航天合金	18%	6691.07	81 863.47	1.0	0.180	0.75
	汽车行业	25%	60 126.35		0.7	0.175	
	电子产品	43%	11 352.26		0.7	0.301	
	仪器仪表	8%	2721.89		0.7	0.056	
	其他	6%	971.91		0.7	0.042	
锡 (Sn)	电子焊接	70%	168 353.78	198 533.00	0.9	0.630	0.82
	镀锡钢板	8%	19 240.43		0.7	0.056	
	锡化工	12%	9318.98		0.5	0.060	
	其他	10%	1619.85		0.7	0.070	
锆 (Zr)	陶瓷	53%	41 158.85	97 383.84	0.7	0.371	0.73
	铸造	14%	33 670.76		0.7	0.098	
	乳浊剂	5%	3882.91		0.7	0.035	
	耐火材料	10%	7765.82		1.9	0.100	
	化学品	13%	10 095.57		0.7	0.091	
	其他	5%	809.93		0.7	0.035	

附表 A·2 2019 年我国国民经济主要行业及经济价值总量

国民经济行业	经济价值(亿元)
农林牧渔业	73 576.9
采矿业	23 695.5
制造业	264 136.7
电力、热力、燃气及水	24 026.4
建筑业	70 648.1

续表

国民经济行业	经济价值（亿元）
批发和零售业	95 650.9
交通运输、仓储和邮政业	42 466.3
信息传输、软件和信息	33 391.8
金融业	76 250.6
房地产业	70 444.8
租赁和商务服务业	32 638.0
科学研究和技术服务业	22 624.3
水利、环境和公共设施管理业	5861.3
居民服务、修理和其他服务业	16 983.4
教育	37 934.1
卫生和社会工作	22 354.6
文化、体育和娱乐业	8137.8
公共管理、社会保障和社会组织	47 790.5
国民生产总值（GDP）	986 515.2

数据来源：《中国统计年鉴2019》。

附表 A·3 金属原材料的资源价值属性参数及国民经济指数

金属	资源价值属性（Q_M）	国民经济指数（DE）
PGMs	6.09	11.21
V	3.68	9.32
Nb	2.99	8.66
Sc	4.37	8.40
Rb	6.52	7.70
Co	2.69	7.13
Mo	2.69	6.66
W	2.63	6.43
Ni	2.27	5.91
Sn	2.41	5.76
Cr	1.94	5.43
Be	4.03	4.55
REEs	5.26	4.47

续表

金属	资源价值属性(Q_M)	国民经济指数(DE)
Mg	1.43	4.13
Se	2.37	3.89
Ta	3.82	3.79
B	4.2	3.57
Au	5.87	3.52
Cu	1.95	3.51
Ge	4.11	3.41
Mn	1.28	3.39
Zr	2.67	3.13
Ag	3.90	2.92
Te	2.87	2.84
Zn	1.49	2.57
Ga	3.26	2.54
Ti	2.03	2.54
Cs	5.97	2.39
Re	4.67	2.05
In	3.23	1.94
Si	1.30	1.82
Li	2.66	1.75
Bi	1.80	1.68
Al	1.41	1.41
Sb	1.81	1.25
P	0.77	1.24
Sr	1.83	1.08
Hg	3.05	0.91
C	0.89	0.89
Fe	0.83	0.79
Pb	1.43	0.77
Cd	1.42	0.57
As	1.18	0.47
S	0.01	0.07

附表 A · 4　原材料回收率和进口依赖性

金属	元素	回收率	来源	中国消费量(万 t)	中国产量(万 t)	来源	进口依赖性
锂	Li	14%	[80]	3.22	0.75	[1]	4.3
铍	Be	23%	[81]	0.007 94	0.007	[1]	1.1
硼	B	0	[81]	56	16	[1]	3.5
碳	C	0	[81]	90	70	[59]	0.9
镁	Mg	33%	[81]	45	90	[1]	0.5
铝	Al	45%	[81]	3524.4	3500	[60]	1.0
硅	Si	0	[81]	160	221	[1]	0.72
磷	P	0	[81]	9310	11 000	[1]	0.7
硫	S	0	[81]	4578	3525	[61]	1.3
钪	Sc	0	[81]	0.000 11	0.000 179	[62]	0.6
钛	Ti	91%	[80]	206	115	[1]	1.8
钒	V	0	[80]	7.2	6	[63]	1.2
铬	Cr	28%	[81]	10	2	[64]	5.0
锰	Mn	53%	[80]	444	250	[1]	1.8
铁	Fe	90%	[80]	83 500	92 800	[1]	0.9
钴	Co	29%	[81]	6.9	0.2	[1]	10.0
镍	Ni	47%	[81]	130.4	12	[65]	10.8
铜	Cu	35%	[81]	1280	895	[66]	1.4
锌	Zn	25%	[81]	648	568	[67]	1.2
镓	Ga	0	[81]	0.017	0.031	[1]	0.5
锗	Ge	30%	[81]	0.0187	0.0085	[1]	2.5
砷	As	0	[81]	4.74	1.8	[68]	2.6
硒	Se	0	[81]	0.28	0.04	[69]	7.0
铷	Rb	0	[81]	0.000 42	0.0004	[1]	1.1
锶	Sr	0	[80]	2.4	2	[1]	1.2
锆	Zr	0	[80]	134	14	[1]	8.0
铌	Nb	20%	[81]	1.5	0.075	[1]	10.0
钼	Mo	30%	[81]	9.4	6.3	[70]	1.5

金属	元素	回收率	来源	中国消费量(万 t)	中国产量(万 t)	来源	进口依赖性
银	Ag	17%	[81]	0.82	0.40	[71]	2.3
镉	Cd	15%	[80]	0.76	0.82	[72]	0.9
铟	In	0	[80]	0.017	0.03	[73]	0.6
锡	Sn	24%	[81]	17.8	14	[74]	1.2
锑	Sb	0	[80]	6	10	[75]	0.7
碲	Te	0	[81]	0.015	0.03	[1]	0.5
铯	Cs	85%	[80]	—	0.0001	[1]	7.0
钽	Ta	30%	[81]	0.055	0.009	[1]	6.1
钨	W	25%	[80]	4.44	6.5	[76]	0.7
铼	Re	50%	[80]	—	0.000 25	[77]	2.0
金	Au	87%	[81]	0.10	0.04	[71]	3.0
汞	Hg	5%	[80]	0.1	0.144	[78]	0.7
铅	Pb	73%	[81]	520	210	[67]	2.5
铋	Bi	5%	[81]	0.76	1.4	[79]	0.5
稀土	REEs	0	[81]	13.68	14	[1]	0.98
铂族	PGMs	60%	[80]	0.007 46	0.0004	[1]	18.7

注:表中锆为锆矿的消费量和产量,其他金属元素表示相应金属产品的产量和消费量,其中硅表示金属硅,硫表示主产品硫酸和硫磺,铁表示钢铁,铜表示精炼铜,硒表示高纯硒,锗表示原生锗。

附表 A·5　各个国家的世界政府指数(WGI)

国家	WGI	WGI 修正	国家	WGI	WGI 修正
中国	-0.31	2.69	菲律宾	-0.34	2.66
加拿大	1.59	4.59	印度尼西亚	-0.14	2.86
澳大利亚	1.58	4.58	赞比亚	-0.36	2.64
俄罗斯	-0.64	2.36	乌克兰	-0.68	2.32
印度	-0.11	2.89	加纳	0.05	3.05
美国	1.24	4.24	乌兹别克斯坦	-0.95	2.05
挪威	1.76	4.76	法国	1.12	4.12
阿联酋	0.66	3.66	瑞典	1.70	4.70
巴林	-0.23	2.77	葡萄牙	1.07	4.07

国家	WGI	WGI修正	国家	WGI	WGI修正
冰岛	1.55	4.55	以色列	0.66	3.66
玻利维亚	-0.55	2.45	阿尔瓦尔	-0.50	2.50
缅甸	0.94	3.94	加蓬	-0.74	2.26
塔吉克斯坦	-1.21	1.79	格鲁吉亚	0.43	3.43
土耳其	-0.48	2.52	马来西亚	0.47	3.47
比利时	1.18	4.18	吉尔吉斯斯坦	-0.63	2.37
伊朗	-1.00	2.00	亚美尼亚	-0.13	2.87
摩洛哥	-3.00	0	蒙古	0.02	3.02
纳米比亚	0.30	3.30	泰国	-0.28	2.72
巴西	-0.24	2.76	越南	-0.35	2.65
日本	1.34	4.34	波兰	0.65	3.65
哈萨克斯坦	-0.32	2.68	不丹	0.56	3.56
韩国	0.91	3.91	西班牙	0.81	3.81
老挝	-0.77	2.23	意大利	0.49	3.49
墨西哥	-0.35	2.65	科威特	-0.11	2.89
阿根廷	0.007	3.010	卡塔尔	0.35	3.35
智利	1.07	4.010	沙特阿拉伯	-0.23	2.77
德国	1.50	4.50	委内瑞拉	-1.75	1.25
秘鲁	-0.13	2.87	布隆迪	-1.43	1.57
荷兰	1.69	4.69	埃塞俄比亚	-0.83	2.17
芬兰	1.76	4.76	尼日利亚	-0.74	2.26
南非	0.13	3.13	卢旺达	0	3.00
津巴布韦	-1.19	1.81	保加利亚	0.24	3.24
刚果(金)	-1.11	1.89	肯尼亚	-0.57	2.43
古巴	-0.46	2.54	莫桑比克	-0.78	2.22
马达加斯加	-0.75	2.25	塞内加尔	-0.08	2.92
新喀里多尼亚	-0.77	2.23	巴基斯坦	-0.97	2.03
巴布亚新几内亚	-0.58	2.42	约旦	-0.08	2.92

数据来源:世界银行。

附表 A·6 金属元素的中国产量占比及赫芬达尔 - 赫希曼指数(*HHI*)

金属	元素符号	中国产量占比	*HHI*
锂	Li	9.74%	1.63
铍	Be	26.92%	2.00
硼	B	7.08%	1.35
碳	C	0.64%	1.15
镁	Mg	81.82%	1.82
铝	Al	56.25%	0.89
硅	Si	64.29%	1.16
磷	P	45.83%	0.62
硫	S	22.03%	0.28
钪	Sc	50%	1.15
钛	Ti	40%	0.85
钒	V	54.79%	1.01
铬	Cr	0	0.70
锰	Mn	6.84%	0.48
铁	Fe	14.67%	0.86
钴	Co	1.43%	0.99
镍	Ni	4.07%	0.40
铜	Cu	8%	0.42
锌	Zn	33.08%	0.42
镓	Ga	96.88%	2.53
锗	Ge	65.38%	1.16
砷	As	72.73%	1.43
硒	Se	33.21%	0.72
铷	Rb	40%	1.05
锶	Sr	22.73%	0.92
锆	Zr	5.71%	0.97
铌	Nb	0	1.50
钼	Mo	44.83%	0.81

金属	元素符号	中国产量占比	*HHI*
银	Ag	13.33%	0.32
镉	Cd	32.8%	0.52
铟	In	39.47%	0.90
锡	Sn	27.42%	0.55
锑	Sb	62.5%	1.16
碲	Te	61.7%	1.15
铯	Cs	0	1.57
钽	Ta	5.56%	0.54
钨	W	82.35%	1.84
铼	Re	5.1%	1.48
金	Au	12.73%	0.17
汞	Hg	87.5%	2.07
铅	Pb	46.67%	0.68
铋	Bi	73.68%	1.53
稀土	REEs	62.86%	1.22
铂族	PGMs	0	1.68

数据来源:美国地质调查局(USGS),2020。

附录 B

中华人民共和国矿产资源法

（1986年3月19日第六届全国人民代表大会常务委员会第十五次会议通过1986年3月19日中华人民共和国主席令第三十六号公布。根据1996年8月29日第八届全国人民代表大会常务委员会第二十一次会议《关于修改的决定》第一次修正 根据中华人民共和国主席令第18号；2009年8月27日第十一届全国人民代表大会常务委员会第十次会议《关于修改部分法律的决定》第二次修正）

第一章　总则

第一条　为了发展矿业，加强矿产资源的勘查、开发利用和保护工作，保障社会主义现代化建设的当前和长远的需要，根据中华人民共和国宪法，特制定本法。

第二条　在中华人民共和国领域及管辖海域勘查、开采矿产资源，必须遵守本法。

第三条　矿产资源属于国家所有，由国务院行使国家对矿产资源的所有权。地表或者地下的矿产资源的国家所有权，不因其所依附的土地的所有权或者使用权的不同而改变。

国家保障矿产资源的合理开发利用。禁止任何组织或者个人用任何手段侵占或者破坏矿产资源。各级人民政府必须加强矿产资源的保护工作。

勘查、开采矿产资源，必须依法分别申请、经批准取得探矿权、采矿权，并办理登记；但是，已经依法申请取得采矿权的矿山企业在划定的矿区范围内为本企业的生产而进行的勘查除外。国家保护探矿权和采矿权不受侵犯，保障矿区和勘查作业区的生产秩序、工作秩序不受影响和破坏。

从事矿产资源勘查和开采的，必须符合规定的资质条件。

第四条　国家保障依法设立的矿山企业开采矿产资源的合法权益。国有矿山企业是开采矿产资源的主体。国家保障国有矿业经济的巩固和发展。

第五条　国家实行探矿权、采矿权有偿取得的制度；但是，国家对探矿权、采矿权有偿取得的费用，可以根据不同情况规定予以减缴、免缴。具体办法和实施步骤由国务院规定。开采矿产资源，必须按照国家有关规定缴纳资源税和资源补偿费。

第六条 除按下列规定可以转让外，探矿权、采矿权不得转让：

（一）探矿权人有权在划定的勘查作业区内进行规定的勘查作业，有权优先取得勘查作业区内矿产资源的采矿权。探矿权人在完成规定的最低勘查投入后，经依法批准，可以将探矿权转让他人。

（二）已取得采矿权的矿山企业，因企业合并、分立，与他人合资、合作经营，或者因企业资产出售以及有其他变更企业资产产权的情形而需要变更采矿权主体的，经依法批准可以将采矿权转让他人采矿。

前款规定的具体办法和实施步骤由国务院规定。

禁止将探矿权、采矿权倒卖牟利。

第七条 国家对矿产资源的勘查、开发实行统一规划、合理布局、综合勘查、合理开采和综合利用的方针。

第八条 国家鼓励矿产资源勘查、开发的科学技术研究，推广先进技术，提高矿产资源勘查、开发的科学技术水平。

第九条 在勘查、开发、保护矿产资源和进行科学技术研究等方面成绩显著的单位和个人，由各级人民政府给予奖励。

第十条 国家在民族自治地方开采矿产资源，应当照顾民族自治地方的利益，作出有利于民族自治地方经济建设的安排，照顾当地少数民族群众的生产和生活。民族自治地方的自治机关根据法律规定和国家的统一规划，对可以由本地方开发的矿产资源，优先合理开发利用。

第十一条 国务院地质矿产主管部门主管全国矿产资源勘查、开采的监督管理工作。国务院有关主管部门协助国务院地质矿产主管部门进行矿产资源勘查、开采的监督管理工作。省、自治区、直辖市人民政府地质矿产主管部门主管本行政区域内矿产资源勘查、开采的监督管理工作。省、自治区、直辖市人民政府有关主管部门协助同级地质矿产主管部门进行矿产资源勘查、开采的监督管理工作。

第二章 矿产资源勘查的登记和开采的审批

第十二条 国家对矿产资源勘查实行统一的区块登记管理制度。矿产资源勘查登记工作，由国务院地质矿产主管部门负责；特定矿种的矿产资源勘查登记工作，可以由国务院授权有关主管部门负责。矿产资源勘查区块登记管理办法由国务院制定。

第十三条 国务院矿产储量审批机构或者省、自治区、直辖市矿产储量审批机构负责审查批准供矿山建设设计使用的勘探报告，并在规定的期限内批复报送单位。勘探报告未经批准，不得作为矿山建设设计的依据。

第十四条　矿产资源勘查成果档案资料和各类矿产储量的统计资料，实行统一的管理制度，按照国务院规定汇交或者填报。

第十五条　设立矿山企业，必须符合国家规定的资质条件，并依照法律和国家有关规定，由审批机关对其矿区范围、矿山设计或者开采方案、生产技术条件、安全措施和环境保护措施等进行审查；审查合格的，方予批准。

第十六条　开采下列矿产资源的，由国务院地质矿产主管部门审批，并颁发采矿许可证：（一）国家规划矿区和对国民经济具有重要价值的矿区内的矿产资源；（二）前项规定区域以外可供开采的矿产储量规模在大型以上的矿产资源；（三）国家规定实行保护性开采的特定矿种；（四）领海及中国管辖的其他海域的矿产资源；（五）国务院规定的其他矿产资源。开采石油、天然气、放射性矿产等特定矿种的，可以由国务院授权的有关主管部门审批，并颁发采矿许可证。开采第一款、第二款规定以外的矿产资源，其可供开采的矿产的储量规模为中型的，由省、自治区、直辖市人民政府地质矿产主管部门审批和颁发采矿许可证。开采第一款、第二款和第三款规定以外的矿产资源的管理办法，由省、自治区、直辖市人民代表大会常务委员会依法制定。依照第三款、第四款的规定审批和颁发采矿许可证的，由省、自治区、直辖市人民政府地质矿产主管部门汇总向国务院地质矿产主管部门备案。矿产储量规模的大型、中型的划分标准，由国务院矿产储量审批机构规定。

第十七条　国家对国家规划矿区、对国民经济具有重要价值的矿区和国家规定实行保护性开采的特定矿种，实行有计划的开采；未经国务院有关主管部门批准，任何单位和个人不得开采。

第十八条　国家规划矿区的范围、对国民经济具有重要价值的矿区的范围、矿山企业矿区的范围依法划定后，由划定矿区范围的主管机关通知有关县级人民政府予以公告。矿山企业变更矿区范围，必须报请原审批机关批准，并报请原颁发采矿许可证的机关重新核发采矿许可证。

第十九条　地方各级人民政府应当采取措施，维护本行政区域内的国有矿山企业和其他矿山企业矿区范围内的正常秩序。禁止任何单位和个人进入他人依法设立的国有矿山企业和其他矿山企业矿区范围内采矿。

第二十条　非经国务院授权的有关主管部门同意，不得在下列地区开采矿产资源：（一）港口、机场、国防工程设施圈定地区以内；（二）重要工业区、大型水利工程设施、城镇市政工程设施附近一定距离以内；（三）铁路、重要公路两侧一定距离以内；（四）重要河流、堤坝两侧一定距离以内；（五）国家划定的自然保护区、重要风景区，国家重点保护的不能移动的历史文物和名胜古迹所在地；（六）国家规定不得开采矿产资源的其他地区。

第二十一条　关闭矿山，必须提出矿山闭坑报告及有关采掘工程、不安全隐患、土地复垦利用、环境保护的资料，并按照国家规定报请审查批准。

第二十二条　勘查、开采矿产资源时，发现具有重大科学文化价值的罕见地质现象以及文化古迹，应当加以保护并及时报告有关部门。

第三章　矿产资源的勘查

第二十三条　区域地质调查按照国家统一规划进行。区域地质调查的报告和图件按照国家规定验收，提供有关部门使用。

第二十四条　矿产资源普查在完成主要矿种普查任务的同时，应当对工作区内包括共生或者伴生矿产的成矿地质条件和矿床工业远景作出初步综合评价。

第二十五条　矿床勘探必须对矿区内具有工业价值的共生和伴生矿产进行综合评价，并计算其储量。未作综合评价的勘探报告不予批准。但是，国务院计划部门另有规定的矿床勘探项目除外。

第二十六条　普查、勘探易损坏的特种非金属矿产、流体矿产、易燃易爆易溶矿产和含有放射性元素的矿产，必须采用省级以上人民政府有关主管部门规定的普查、勘探方法，并有必要的技术装备和安全措施。

第二十七条　矿产资源勘查的原始地质编录和图件，岩矿心、测试样品和其他实物标本资料，各种勘查标志，应当按照有关规定保护和保存。

第二十八条　矿床勘探报告及其他有价值的勘查资料，按照国务院规定实行有偿使用。

第四章　矿产资源的开采

第二十九条　开采矿产资源，必须采取合理的开采顺序、开采方法和选矿工艺。矿山企业的开采回采率、采矿贫化率和选矿回收率应当达到设计要求。

第三十条　在开采主要矿产的同时，对具有工业价值的共生和伴生矿产应当统一规划，综合开采，综合利用，防止浪费；对暂时不能综合开采或者必须同时采出而暂时还不能综合利用的矿产以及含有有用组分的尾矿，应当采取有效的保护措施，防止损失破坏。

第三十一条　开采矿产资源，必须遵守国家劳动安全卫生规定，具备保障安全生产的必要条件。

第三十二条　开采矿产资源，必须遵守有关环境保护的法律规定，防止污染环境。开采矿产资源，应当节约用地。耕地、草原、林地因采矿受到破坏的，矿山企业应当因地制宜地采取复垦利用、植树种草或者其他利用措施。开采矿产资源给他人生产、生活造成损失的，应当负责赔偿，并采取必要的补救措施。

第三十三条　在建设铁路、工厂、水库、输油管道、输电线路和各种大型建筑物或者建筑群之前，建设单位必须向所在省、自治区、直辖市地质矿产主管部门了解拟建工程所在地区的矿产资源分布和开采情况。非经国务院授权的部门批准，不得压覆重要矿床。

第三十四条　国务院规定由指定的单位统一收购的矿产品，任何其他单位或者个人不得收购；开采者不得向非指定单位销售。

第五章　集体矿山企业和个体采矿

第三十五条　国家对集体矿山企业和个体采矿实行积极扶持、合理规划、正确引导、加强管理的方针，鼓励集体矿山企业开采国家指定范围内的矿产资源，允许个人采挖零星分散资源和只能用作普通建筑材料的砂、石、粘土以及为生活自用采挖少量矿产。矿产储量规模适宜由矿山企业开采的矿产资源、国家规定实行保护性开采的特定矿种和国家规定禁止个人开采的其他矿产资源，个人不得开采。国家指导、帮助集体矿山企业和个体采矿不断提高技术水平、资源利用率和经济效益。地质矿产主管部门、地质工作单位和国有矿山企业应当按照积极支持、有偿互惠的原则向集体矿山企业和个体采矿提供地质资料和技术服务。

第三十六条　国务院和国务院有关主管部门批准开办的矿山企业矿区范围内已有的集体矿山企业，应当关闭或者到指定的其他地点开采，由矿山建设单位给予合理的补偿，并妥善安置群众生活；也可以按照该矿山企业的统筹安排，实行联合经营。

第三十七条　集体矿山企业和个体采矿应当提高技术水平，提高矿产资源回收率。禁止乱挖滥采，破坏矿产资源。集体矿山企业必须测绘井上、井下工程对照图。

第三十八条　县级以上人民政府应当指导、帮助集体矿山企业和个体采矿进行技术改造，改善经营管理，加强安全生产。

第六章 法律责任

第三十九条 违反本法规定，未取得采矿许可证擅自采矿的，擅自进入国家规划矿区、对国民经济具有重要价值的矿区范围采矿的，擅自开采国家规定实行保护性开采的特定矿种的，责令停止开采、赔偿损失，没收采出的矿产品和违法所得，可以并处罚款；拒不停止开采，造成矿产资源破坏的，依照刑法有关规定对直接责任人员追究刑事责任。单位和个人进入他人依法设立的国有矿山企业和其他矿山企业矿区范围内采矿的，依照前款规定处罚。

第四十条 超越批准的矿区范围采矿的，责令退回本矿区范围内开采、赔偿损失，没收越界开采的矿产品和违法所得，可以并处罚款；拒不退回本矿区范围内开采，造成矿产资源破坏的，吊销采矿许可证，依照刑法有关规定对直接责任人员追究刑事责任。

第四十一条 盗窃、抢夺矿山企业和勘查单位的矿产品和其他财物的，破坏采矿、勘查设施的，扰乱矿区和勘查作业区的生产秩序、工作秩序的，分别依照刑法有关规定追究刑事责任；情节显著轻微的，依照治安管理处罚法有关规定予以处罚。

第四十二条 买卖、出租或者以其他形式转让矿产资源的，没收违法所得，处以罚款。违反本法第六条的规定将探矿权、采矿权倒卖牟利的，吊销勘查许可证、采矿许可证，没收违法所得，处以罚款。

第四十三条 违反本法规定收购和销售国家统一收购的矿产品的，没收矿产品和违法所得，可以并处罚款；情节严重的，依照刑法有关规定，追究刑事责任。

第四十四条 违反本法规定，采取破坏性的开采方法开采矿产资源的，处以罚款，可以吊销采矿许可证；造成矿产资源严重破坏的，依照刑法有关规定对直接责任人员追究刑事责任。

第四十五条 本法第三十九条、第四十条、第四十二条规定的行政处罚，由县级以上人民政府负责地质矿产管理工作的部门按照国务院地质矿产主管部门规定的权限决定。第四十三条规定的行政处罚，由县级以上人民政府工商行政管理部门决定。第四十四条规定的行政处罚，由省、自治区、直辖市人民政府地质矿产主管部门决定。给予吊销勘查许可证或者采矿许可证处罚的，须由原发证机关决定。依照第三十九条、第四十条、第四十二条、第四十四条规定应当给予行政处罚而不给予行政处罚的，上级人民政府地质矿产主管部门有权责令改正或者直接给予行政处罚。

第四十六条 当事人对行政处罚决定不服的，可以依法申请复议，也可以依法直接向人民法院起诉。当事人逾期不申请复议也不向人民法院起诉，又不履行处罚决定的，由作出处罚决定的机关申请人民法院强制执行。

第四十七条 负责矿产资源勘查、开采监督管理工作的国家工作人员和其他有关国家工作人员徇私舞弊、滥用职权或者玩忽职守，违反本法规定批准勘查、开采矿产资源和颁发勘查许可证、采矿许可证，或者对违法采矿行为不依法予以制止、处罚，构成犯罪的，依法追究刑事责任；不构成犯罪的，给予行政处分。违法颁发的勘查许可证、采矿许可证，上级人民政府地质矿产主管部门有权予以撤销。

第四十八条 以暴力、威胁方法阻碍从事矿产资源勘查、开采监督管理工作的国家工作人员依法执行职务的，依照刑法有关规定追究刑事责任；拒绝、阻碍从事矿产资源勘查、开采监督管理工作的国家工作人员依法执行职务未使用暴力、威胁方法的，由公安机关依照治安管理处罚法的规定处罚。

第四十九条 矿山企业之间的矿区范围的争议，由当事人协商解决，协商不成的，由有关县级以上地方人民政府根据依法核定的矿区范围处理；跨省、自治区、直辖市的矿区范围的争议，由有关省、自治区、直辖市人民政府协商解决，协商不成的，由国务院处理。

第七章 附则

第五十条 外商投资勘查、开采矿产资源，法律、行政法规另有规定的，从其规定。

第五十一条 本法施行以前，未办理批准手续、未划定矿区范围、未取得采矿许可证开采矿产资源的，应当依照本法有关规定申请补办手续。

第五十二条 本法实施细则由国务院制定。

第五十三条 本法自 1986 年 10 月 1 日施行。

附录 C

中华人民共和国节约能源法

（1997 年 11 月 1 日第八届全国人民代表大会常务委员会第二十八次会议通过；2007 年 10 月 28 日第十届全国人民代表大会常务委员会第三十次会议修订；根据 2016 年 7 月 2 日第十二届全国人民代表大会常务委员会第二十一次会议《关于修改〈中华人民共和国节约能源法〉等六部法律的决定》第一次修正；根据 2018 年 10 月 26 日第十三届全国人民代表大会常务委员会第六次会议《关于修改〈中华人民共和国野生动物保护法〉等十五部法律的决定》第二次修正）

第一章　总则

第一条　为了推动全社会节约能源，提高能源利用效率，保护和改善环境，促进经济社会全面协调可持续发展，制定本法。

第二条　本法所称能源，是指煤炭、石油、天然气、生物质能和电力、热力以及其他直接或者通过加工、转换而取得有用能的各种资源。

第三条　本法所称节约能源（以下简称节能），是指加强用能管理，采取技术上可行、经济上合理以及环境和社会可以承受的措施，从能源生产到消费的各个环节，降低消耗、减少损失和污染物排放、制止浪费，有效、合理地利用能源。

第四条　节约资源是我国的基本国策。国家实施节约与开发并举、把节约放在首位的能源发展战略。

第五条　国务院和县级以上地方各级人民政府应当将节能工作纳入国民经济和社会发展规划、年度计划，并组织编制和实施节能中长期专项规划、年度节能计划。

国务院和县级以上地方各级人民政府每年向本级人民代表大会或者其常务委员会报告节能工作。

第六条　国家实行节能目标责任制和节能考核评价制度，将节能目标完成情况作为对地方人民政府及其负责人考核评价的内容。

省、自治区、直辖市人民政府每年向国务院报告节能目标责任的履行情况。

第七条 国家实行有利于节能和环境保护的产业政策，限制发展高耗能、高污染行业，发展节能环保型产业。

国务院和省、自治区、直辖市人民政府应当加强节能工作，合理调整产业结构、企业结构、产品结构和能源消费结构，推动企业降低单位产值能耗和单位产品能耗，淘汰落后的生产能力，改进能源的开发、加工、转换、输送、储存和供应，提高能源利用效率。

国家鼓励、支持开发和利用新能源、可再生能源。

第八条 国家鼓励、支持节能科学技术的研究、开发、示范和推广，促进节能技术创新与进步。

国家开展节能宣传和教育，将节能知识纳入国民教育和培训体系，普及节能科学知识，增强全民的节能意识，提倡节约型的消费方式。

第九条 任何单位和个人都应当依法履行节能义务，有权检举浪费能源的行为。

新闻媒体应当宣传节能法律、法规和政策，发挥舆论监督作用。

第十条 国务院管理节能工作的部门主管全国的节能监督管理工作。国务院有关部门在各自的职责范围内负责节能监督管理工作，并接受国务院管理节能工作的部门的指导。

县级以上地方各级人民政府管理节能工作的部门负责本行政区域内的节能监督管理工作。县级以上地方各级人民政府有关部门在各自的职责范围内负责节能监督管理工作，并接受同级管理节能工作的部门的指导。

第二章 节能管理

第十一条 国务院和县级以上地方各级人民政府应当加强对节能工作的领导，部署、协调、监督、检查、推动节能工作。

第十二条 县级以上人民政府管理节能工作的部门和有关部门应当在各自的职责范围内，加强对节能法律、法规和节能标准执行情况的监督检查，依法查处违法用能行为。

履行节能监督管理职责不得向监督管理对象收取费用。

第十三条 国务院标准化主管部门和国务院有关部门依法组织制定并适时修订有关节能的国家标准、行业标准，建立健全节能标准体系。

国务院标准化主管部门会同国务院管理节能工作的部门和国务院有关部门制定强制性的用能产品、设备能源效率标准和生产过程中耗能高的产品的单位产品能耗限额标准。

国家鼓励企业制定严于国家标准、行业标准的企业节能标准。

省、自治区、直辖市制定严于强制性国家标准、行业标准的地方节能标准，由省、自治区、直辖市人民政府报经国务院批准；本法另有规定的除外。

第十四条　建筑节能的国家标准、行业标准由国务院建设主管部门组织制定，并依照法定程序发布。

省、自治区、直辖市人民政府建设主管部门可以根据本地实际情况，制定严于国家标准或者行业标准的地方建筑节能标准，并报国务院标准化主管部门和国务院建设主管部门备案。

第十五条　国家实行固定资产投资项目节能评估和审查制度。不符合强制性节能标准的项目，建设单位不得开工建设；已经建成的，不得投入生产、使用。政府投资项目不符合强制性节能标准的，依法负责项目审批的机关不得批准建设。具体办法由国务院管理节能工作的部门会同国务院有关部门制定。

第十六条　国家对落后的耗能过高的用能产品、设备和生产工艺实行淘汰制度。淘汰的用能产品、设备、生产工艺的目录和实施办法，由国务院管理节能工作的部门会同国务院有关部门制定并公布。

生产过程中耗能高的产品的生产单位，应当执行单位产品能耗限额标准。对超过单位产品能耗限额标准用能的生产单位，由管理节能工作的部门按照国务院规定的权限责令限期治理。

对高耗能的特种设备，按照国务院的规定实行节能审查和监管。

第十七条　禁止生产、进口、销售国家明令淘汰或者不符合强制性能源效率标准的用能产品、设备；禁止使用国家明令淘汰的用能设备、生产工艺。

第十八条　国家对家用电器等使用面广、耗能量大的用能产品，实行能源效率标识管理。实行能源效率标识管理的产品目录和实施办法，由国务院管理节能工作的部门会同国务院市场监督管理部门制定并公布。

第十九条　生产者和进口商应当对列入国家能源效率标识管理产品目录的用能产品标注能源效率标识，在产品包装物上或者说明书中予以说明，并按照规定报国务院市场监督管理部门和国务院管理节能工作的部门共同授权的机构备案。

生产者和进口商应当对其标注的能源效率标识及相关信息的准确性负责。禁止销售应当标注而未标注能源效率标识的产品。

禁止伪造、冒用能源效率标识或者利用能源效率标识进行虚假宣传。

第二十条　用能产品的生产者、销售者，可以根据自愿原则，按照国家有关节能产品认证的规定，向经国务院认证认可监督管理部门认可的从事节能产品认证的机构提出节能产品认证申请；经认证合格后，取得节能产品认证证书，可以在用能产品或者其包装物上使用节能产品认证标志。

禁止使用伪造的节能产品认证标志或者冒用节能产品认证标志。

第二十一条　县级以上各级人民政府统计部门应当会同同级有关部门，建立健全能源统计制度，完善能源统计指标体系，改进和规范能源统计方法，确保能源统计数据真实、完整。

国务院统计部门会同国务院管理节能工作的部门，定期向社会公布各省、自治区、直辖市以及主要耗能行业的能源消费和节能情况等信息。

第二十二条　国家鼓励节能服务机构的发展，支持节能服务机构开展节能咨询、设计、评估、检测、审计、认证等服务。

国家支持节能服务机构开展节能知识宣传和节能技术培训，提供节能信息、节能示范和其他公益性节能服务。

第二十三条　国家鼓励行业协会在行业节能规划、节能标准的制定和实施、节能技术推广、能源消费统计、节能宣传培训和信息咨询等方面发挥作用。

第三章　合理使用与节约能源

第一节　一般规定

第二十四条　用能单位应当按照合理用能的原则，加强节能管理，制定并实施节能计划和节能技术措施，降低能源消耗。

第二十五条　用能单位应当建立节能目标责任制，对节能工作取得成绩的集体、个人给予奖励。

第二十六条　用能单位应当定期开展节能教育和岗位节能培训。

第二十七条　用能单位应当加强能源计量管理，按照规定配备和使用经依法检定合格的能源计量器具。

用能单位应当建立能源消费统计和能源利用状况分析制度，对各类能源的消费实行分类计量和统计，并确保能源消费统计数据真实、完整。

第二十八条　能源生产经营单位不得向本单位职工无偿提供能源。任何单位不得对能源消费实行包费制。

第二节　工业节能

第二十九条　国务院和省、自治区、直辖市人民政府推进能源资源优化开发利用和合理配置，推进有利于节能的行业结构调整，优化用能结构和企业布局。

第三十条　国务院管理节能工作的部门会同国务院有关部门制定电力、钢铁、有色金属、建材、石油加工、化工、煤炭等主要耗能行业的节能技术政策，推动企业节能技术改造。

第三十一条　国家鼓励工业企业采用高效、节能的电动机、锅炉、窑炉、风机、泵类等设备，采用热电联产、余热余压利用、洁净煤以及先进的用能监测和控制等技术。

第三十二条　电网企业应当按照国务院有关部门制定的节能发电调度管理的规定，安排清洁、高效和符合规定的热电联产、利用余热余压发电的机组以及其他符合资源综合利用规定的发电机组与电网并网运行，上网电价执行国家有关规定。

第三十三条　禁止新建不符合国家规定的燃煤发电机组、燃油发电机组和燃煤热电机组。

第三节　建筑节能

第三十四条　国务院建设主管部门负责全国建筑节能的监督管理工作。

县级以上地方各级人民政府建设主管部门负责本行政区域内建筑节能的监督管理工作。

县级以上地方各级人民政府建设主管部门会同同级管理节能工作的部门编制本行政区域内的建筑节能规划。建筑节能规划应当包括既有建筑节能改造计划。

第三十五条　建筑工程的建设、设计、施工和监理单位应当遵守建筑节能标准。

不符合建筑节能标准的建筑工程，建设主管部门不得批准开工建设；已经开工建设的，应当责令停止施工、限期改正；已经建成的，不得销售或者使用。

建设主管部门应当加强对在建建筑工程执行建筑节能标准情况的监督检查。

第三十六条　房地产开发企业在销售房屋时，应当向购买人明示所售房屋的节能措施、保温工程保修期等信息，在房屋买卖合同、质量保证书和使用说明书中载明，并对其真实性、准确性负责。

第三十七条　使用空调采暖、制冷的公共建筑应当实行室内温度控制制度。具体办法由国务院建设主管部门制定。

第三十八条 国家采取措施，对实行集中供热的建筑分步骤实行供热分户计量、按照用热量收费的制度。新建建筑或者对既有建筑进行节能改造，应当按照规定安装用热计量装置、室内温度调控装置和供热系统调控装置。具体办法由国务院建设主管部门会同国务院有关部门制定。

第三十九条 县级以上地方各级人民政府有关部门应当加强城市节约用电管理，严格控制公用设施和大型建筑物装饰性景观照明的能耗。

第四十条 国家鼓励在新建建筑和既有建筑节能改造中使用新型墙体材料等节能建筑材料和节能设备，安装和使用太阳能等可再生能源利用系统。

第四节 交通运输节能

第四十一条 国务院有关交通运输主管部门按照各自的职责负责全国交通运输相关领域的节能监督管理工作。

国务院有关交通运输主管部门会同国务院管理节能工作的部门分别制定相关领域的节能规划。

第四十二条 国务院及其有关部门指导、促进各种交通运输方式协调发展和有效衔接，优化交通运输结构，建设节能型综合交通运输体系。

第四十三条 县级以上地方各级人民政府应当优先发展公共交通，加大对公共交通的投入，完善公共交通服务体系，鼓励利用公共交通工具出行；鼓励使用非机动交通工具出行。

第四十四条 国务院有关交通运输主管部门应当加强交通运输组织管理，引导道路、水路、航空运输企业提高运输组织化程度和集约化水平，提高能源利用效率。

第四十五条 国家鼓励开发、生产、使用节能环保型汽车、摩托车、铁路机车车辆、船舶和其他交通运输工具，实行老旧交通运输工具的报废、更新制度。

国家鼓励开发和推广应用交通运输工具使用的清洁燃料、石油替代燃料。

第四十六条 国务院有关部门制定交通运输营运车船的燃料消耗量限值标准；不符合标准的，不得用于营运。

国务院有关交通运输主管部门应当加强对交通运输营运车船燃料消耗检测的监督管理。

第五节 公共机构节能

第四十七条 公共机构应当厉行节约，杜绝浪费，带头使用节能产品、设备，提高能源利用效率。

本法所称公共机构，是指全部或者部分使用财政性资金的国家机关、事业单位和团体组织。

第四十八条　国务院和县级以上地方各级人民政府管理机关事务工作的机构会同同级有关部门制定和组织实施本级公共机构节能规划。公共机构节能规划应当包括公共机构既有建筑节能改造计划。

第四十九条　公共机构应当制定年度节能目标和实施方案，加强能源消费计量和监测管理，向本级人民政府管理机关事务工作的机构报送上年度的能源消费状况报告。

国务院和县级以上地方各级人民政府管理机关事务工作的机构会同同级有关部门按照管理权限，制定本级公共机构的能源消耗定额，财政部门根据该定额制定能源消耗支出标准。

第五十条　公共机构应当加强本单位用能系统管理，保证用能系统的运行符合国家相关标准。

公共机构应当按照规定进行能源审计，并根据能源审计结果采取提高能源利用效率的措施。

第五十一条　公共机构采购用能产品、设备，应当优先采购列入节能产品、设备政府采购名录中的产品、设备。禁止采购国家明令淘汰的用能产品、设备。

节能产品、设备政府采购名录由省级以上人民政府的政府采购监督管理部门会同同级有关部门制定并公布。

第六节　重点用能单位节能

第五十二条　国家加强对重点用能单位的节能管理。

下列用能单位为重点用能单位：

（一）年综合能源消费总量一万吨标准煤以上的用能单位；

（二）国务院有关部门或者省、自治区、直辖市人民政府管理节能工作的部门指定的年综合能源消费总量五千吨以上不满一万吨标准煤的用能单位。

重点用能单位节能管理办法，由国务院管理节能工作的部门会同国务院有关部门制定。

第五十三条　重点用能单位应当每年向管理节能工作的部门报送上年度的能源利用状况报告。能源利用状况包括能源消费情况、能源利用效率、节能目标完成情况和节能效益分析、节能措施等内容。

第五十四条　管理节能工作的部门应当对重点用能单位报送的能源利用状况报告进行审查。对节能管理制度不健全、节能措施不落实、能源利用效率低的重点用能单位，管理节能工作的部门应当开展现场调查，组织实施用能设备能源效率检测，责令实施能源审计，并提出书面整改要求，限期整改。

第五十五条　重点用能单位应当设立能源管理岗位，在具有节能专业知识、实际经验以及中级以上技术职称的人员中聘任能源管理负责人，并报管理节能工作的部门和有关部门备案。

能源管理负责人负责组织对本单位用能状况进行分析、评价，组织编写本单位能源利用状况报告，提出本单位节能工作的改进措施并组织实施。

能源管理负责人应当接受节能培训。

第四章　节能技术进步

第五十六条　国务院管理节能工作的部门会同国务院科技主管部门发布节能技术政策大纲，指导节能技术研究、开发和推广应用。

第五十七条　县级以上各级人民政府应当把节能技术研究开发作为政府科技投入的重点领域，支持科研单位和企业开展节能技术应用研究，制定节能标准，开发节能共性和关键技术，促进节能技术创新与成果转化。

第五十八条　国务院管理节能工作的部门会同国务院有关部门制定并公布节能技术、节能产品的推广目录，引导用能单位和个人使用先进的节能技术、节能产品。

国务院管理节能工作的部门会同国务院有关部门组织实施重大节能科研项目、节能示范项目、重点节能工程。

第五十九条　县级以上各级人民政府应当按照因地制宜、多能互补、综合利用、讲求效益的原则，加强农业和农村节能工作，增加对农业和农村节能技术、节能产品推广应用的资金投入。

农业、科技等有关主管部门应当支持、推广在农业生产、农产品加工储运等方面应用节能技术和节能产品，鼓励更新和淘汰高耗能的农业机械和渔业船舶。

国家鼓励、支持在农村大力发展沼气，推广生物质能、太阳能和风能等可再生能源利用技术，按照科学规划、有序开发的原则发展小型水力发电，推广节能型的农村住宅和炉灶等，鼓励利用非耕地种植能源植物，大力发展薪炭林等能源林。

第五章　激励措施

第六十条　中央财政和省级地方财政安排节能专项资金，支持节能技术研究开发、节能技术和产品的示范与推广、重点节能工程的实施、节能宣传培训、信息服务和表彰奖励等。

第六十一条　国家对生产、使用列入本法第五十八条规定的推广目录的需要支持的节能技术、节能产品，实行税收优惠等扶持政策。

国家通过财政补贴支持节能照明器具等节能产品的推广和使用。

第六十二条　国家实行有利于节约能源资源的税收政策，健全能源矿产资源有偿使用制度，促进能源资源的节约及其开采利用水平的提高。

第六十三条　国家运用税收等政策，鼓励先进节能技术、设备的进口，控制在生产过程中耗能高、污染重的产品的出口。

第六十四条　政府采购监督管理部门会同有关部门制定节能产品、设备政府采购名录，应当优先列入取得节能产品认证证书的产品、设备。

第六十五条　国家引导金融机构增加对节能项目的信贷支持，为符合条件的节能技术研究开发、节能产品生产以及节能技术改造等项目提供优惠贷款。

国家推动和引导社会有关方面加大对节能的资金投入，加快节能技术改造。

第六十六条　国家实行有利于节能的价格政策，引导用能单位和个人节能。

国家运用财税、价格等政策，支持推广电力需求侧管理、合同能源管理、节能自愿协议等节能办法。

国家实行峰谷分时电价、季节性电价、可中断负荷电价制度，鼓励电力用户合理调整用电负荷；对钢铁、有色金属、建材、化工和其他主要耗能行业的企业，分淘汰、限制、允许和鼓励类实行差别电价政策。

第六十七条　各级人民政府对在节能管理、节能科学技术研究和推广应用中有显著成绩以及检举严重浪费能源行为的单位和个人，给予表彰和奖励。

第六章　法律责任

第六十八条　负责审批政府投资项目的机关违反本法规定，对不符合强制性节能标准的项目予以批准建设的，对直接负责的主管人员和其他直接责任人员依法给予处分。

固定资产投资项目建设单位开工建设不符合强制性节能标准的项目或者将该项目投入生产、使用的，由管理节能工作的部门责令停止建设或者停止生产、使用，限期改造；不能改造或者逾期不改造的生产性项目，由管理节能工作的部门报请本级人民政府按照国务院规定的权限责令关闭。

第六十九条 生产、进口、销售国家明令淘汰的用能产品、设备的，使用伪造的节能产品认证标志或者冒用节能产品认证标志的，依照《中华人民共和国产品质量法》的规定处罚。

第七十条 生产、进口、销售不符合强制性能源效率标准的用能产品、设备的，由市场监督管理部门责令停止生产、进口、销售，没收违法生产、进口、销售的用能产品、设备和违法所得，并处违法所得一倍以上五倍以下罚款；情节严重的，吊销营业执照。

第七十一条 使用国家明令淘汰的用能设备或者生产工艺的，由管理节能工作的部门责令停止使用，没收国家明令淘汰的用能设备；情节严重的，可以由管理节能工作的部门提出意见，报请本级人民政府按照国务院规定的权限责令停业整顿或者关闭。

第七十二条 生产单位超过单位产品能耗限额标准用能，情节严重，经限期治理逾期不治理或者没有达到治理要求的，可以由管理节能工作的部门提出意见，报请本级人民政府按照国务院规定的权限责令停业整顿或者关闭。

第七十三条 违反本法规定，应当标注能源效率标识而未标注的，由市场监督管理部门责令改正，处三万元以上五万元以下罚款。

违反本法规定，未办理能源效率标识备案，或者使用的能源效率标识不符合规定的，由市场监督管理部门责令限期改正；逾期不改正的，处一万元以上三万元以下罚款。

伪造、冒用能源效率标识或者利用能源效率标识进行虚假宣传的，由市场监督管理部门责令改正，处五万元以上十万元以下罚款；情节严重的，吊销营业执照。

第七十四条 用能单位未按照规定配备、使用能源计量器具的，由市场监督管理部门责令限期改正；逾期不改正的，处一万元以上五万元以下罚款。

第七十五条 瞒报、伪造、篡改能源统计资料或者编造虚假能源统计数据的，依照《中华人民共和国统计法》的规定处罚。

第七十六条 从事节能咨询、设计、评估、检测、审计、认证等服务的机构提供虚假信息的，由管理节能工作的部门责令改正，没收违法所得，并处五万元以上十万元以下罚款。

第七十七条 违反本法规定，无偿向本单位职工提供能源或者对能源消费实行包费制的，由管理节能工作的部门责令限期改正；逾期不改正的，处五万元以上二十万元以下罚款。

第七十八条　电网企业未按照本法规定安排符合规定的热电联产和利用余热余压发电的机组与电网并网运行，或者未执行国家有关上网电价规定的，由国家电力监管机构责令改正；造成发电企业经济损失的，依法承担赔偿责任。

第七十九条　建设单位违反建筑节能标准的，由建设主管部门责令改正，处二十万元以上五十万元以下罚款。

设计单位、施工单位、监理单位违反建筑节能标准的，由建设主管部门责令改正，处十万元以上五十万元以下罚款；情节严重的，由颁发资质证书的部门降低资质等级或者吊销资质证书；造成损失的，依法承担赔偿责任。

第八十条　房地产开发企业违反本法规定，在销售房屋时未向购买人明示所售房屋的节能措施、保温工程保修期等信息的，由建设主管部门责令限期改正，逾期不改正的，处三万元以上五万元以下罚款；对以上信息作虚假宣传的，由建设主管部门责令改正，处五万元以上二十万元以下罚款。

第八十一条　公共机构采购用能产品、设备，未优先采购列入节能产品、设备政府采购名录中的产品、设备，或者采购国家明令淘汰的用能产品、设备的，由政府采购监督管理部门给予警告，可以并处罚款；对直接负责的主管人员和其他直接责任人员依法给予处分，并予通报。

第八十二条　重点用能单位未按照本法规定报送能源利用状况报告或者报告内容不实的，由管理节能工作的部门责令限期改正；逾期不改正的，处一万元以上五万元以下罚款。

第八十三条　重点用能单位无正当理由拒不落实本法第五十四条规定的整改要求或者整改没有达到要求的，由管理节能工作的部门处十万元以上三十万元以下罚款。

第八十四条　重点用能单位未按照本法规定设立能源管理岗位，聘任能源管理负责人，并报管理节能工作的部门和有关部门备案的，由管理节能工作的部门责令改正；拒不改正的，处一万元以上三万元以下罚款。

第八十五条　违反本法规定，构成犯罪的，依法追究刑事责任。

第八十六条　国家工作人员在节能管理工作中滥用职权、玩忽职守、徇私舞弊，构成犯罪的，依法追究刑事责任；尚不构成犯罪的，依法给予处分。

第七章　附则

第八十七条　本法自 2008 年 4 月 1 日起施行。

附录 D

中华人民共和国循环经济促进法

(2008 年 8 月 29 日第十一届全国人民代表大会常务委员会第四次会议通过，根据 2018 年 10 月 26 日第十三届全国人民代表大会常务委员会第六次会议《关于修改〈中华人民共和国野生动物保护法〉等十五部法律的决定》修正)

第一章 总则

第一条 为了促进循环经济发展，提高资源利用效率，保护和改善环境，实现可持续发展，制定本法。

第二条 本法所称循环经济，是指在生产、流通和消费等过程中进行的减量化、再利用、资源化活动的总称。

本法所称减量化，是指在生产、流通和消费等过程中减少资源消耗和废物产生。

本法所称再利用，是指将废物直接作为产品或者经修复、翻新、再制造后继续作为产品使用，或者将废物的全部或者部分作为其他产品的部件予以使用。

本法所称资源化，是指将废物直接作为原料进行利用或者对废物进行再生利用。

第三条 发展循环经济是国家经济社会发展的一项重大战略，应当遵循统筹规划、合理布局，因地制宜、注重实效，政府推动、市场引导，企业实施、公众参与的方针。

第四条 发展循环经济应当在技术可行、经济合理和有利于节约资源、保护环境的前提下，按照减量化优先的原则实施。

在废物再利用和资源化过程中，应当保障生产安全，保证产品质量符合国家规定的标准，并防止产生再次污染。

第五条 国务院循环经济发展综合管理部门负责组织协调、监督管理全国循环经济发展工作；国务院生态环境等有关主管部门按照各自的职责负责有关循环经济的监督管理工作。

县级以上地方人民政府循环经济发展综合管理部门负责组织协调、监督管理本行政区域的循环经济发展工作；县级以上地方人民政府生态环境等有关主管部门按照各自的职责负责有关循环经济的监督管理工作。

第六条　国家制定产业政策，应当符合发展循环经济的要求。

县级以上人民政府编制国民经济和社会发展规划及年度计划，县级以上人民政府有关部门编制环境保护、科学技术等规划，应当包括发展循环经济的内容。

第七条　国家鼓励和支持开展循环经济科学技术的研究、开发和推广，鼓励开展循环经济宣传、教育、科学知识普及和国际合作。

第八条　县级以上人民政府应当建立发展循环经济的目标责任制，采取规划、财政、投资、政府采购等措施，促进循环经济发展。

第九条　企业事业单位应当建立健全管理制度，采取措施，降低资源消耗，减少废物的产生量和排放量，提高废物的再利用和资源化水平。

第十条　公民应当增强节约资源和保护环境意识，合理消费，节约资源。

国家鼓励和引导公民使用节能、节水、节材和有利于保护环境的产品及再生产品，减少废物的产生量和排放量。

公民有权举报浪费资源、破坏环境的行为，有权了解政府发展循环经济的信息并提出意见和建议。

第十一条　国家鼓励和支持行业协会在循环经济发展中发挥技术指导和服务作用。县级以上人民政府可以委托有条件的行业协会等社会组织开展促进循环经济发展的公共服务。

国家鼓励和支持中介机构、学会和其他社会组织开展循环经济宣传、技术推广和咨询服务，促进循环经济发展。

第二章　基本管理制度

第十二条　国务院循环经济发展综合管理部门会同国务院生态环境等有关主管部门编制全国循环经济发展规划，报国务院批准后公布施行。设区的市级以上地方人民政府循环经济发展综合管理部门会同本级人民政府生态环境等有关主管部门编制本行政区域循环经济发展规划，报本级人民政府批准后公布施行。

循环经济发展规划应当包括规划目标、适用范围、主要内容、重点任务和保障措施等，并规定资源产出率、废物再利用和资源化率等指标。

第十三条　县级以上地方人民政府应当依据上级人民政府下达的本行政区域主要污染物排放、建设用地和用水总量控制指标，规划和调整本行政区域的产业结构，促进循环经济发展。

新建、改建、扩建建设项目，必须符合本行政区域主要污染物排放、建设用地和用水总量控制指标的要求。

第十四条 国务院循环经济发展综合管理部门会同国务院统计、生态环境等有关主管部门建立和完善循环经济评价指标体系。

上级人民政府根据前款规定的循环经济主要评价指标，对下级人民政府发展循环经济的状况定期进行考核，并将主要评价指标完成情况作为对地方人民政府及其负责人考核评价的内容。

第十五条 生产列入强制回收名录的产品或者包装物的企业，必须对废弃的产品或者包装物负责回收；对其中可以利用的，由各该生产企业负责利用；对因不具备技术经济条件而不适合利用的，由各该生产企业负责无害化处置。

对前款规定的废弃产品或者包装物，生产者委托销售者或者其他组织进行回收的，或者委托废物利用或者处置企业进行利用或者处置的，受托方应当依照有关法律、行政法规的规定和合同的约定负责回收或者利用、处置。

对列入强制回收名录的产品和包装物，消费者应当将废弃的产品或者包装物交给生产者或者其委托回收的销售者或者其他组织。

强制回收的产品和包装物的名录及管理办法，由国务院循环经济发展综合管理部门规定。

第十六条 国家对钢铁、有色金属、煤炭、电力、石油加工、化工、建材、建筑、造纸、印染等行业年综合能源消费量、用水量超过国家规定总量的重点企业，实行能耗、水耗的重点监督管理制度。

重点能源消费单位的节能监督管理，依照《中华人民共和国节约能源法》的规定执行。

重点用水单位的监督管理办法，由国务院循环经济发展综合管理部门会同国务院有关部门规定。

第十七条 国家建立健全循环经济统计制度，加强资源消耗、综合利用和废物产生的统计管理，并将主要统计指标定期向社会公布。

国务院标准化主管部门会同国务院循环经济发展综合管理和生态环境等有关主管部门建立健全循环经济标准体系，制定和完善节能、节水、节材和废物再利用、资源化等标准。

国家建立健全能源效率标识等产品资源消耗标识制度。

第三章　减量化

第十八条　国务院循环经济发展综合管理部门会同国务院生态环境等有关主管部门，定期发布鼓励、限制和淘汰的技术、工艺、设备、材料和产品名录。

禁止生产、进口、销售列入淘汰名录的设备、材料和产品，禁止使用列入淘汰名录的技术、工艺、设备和材料。

第十九条　从事工艺、设备、产品及包装物设计，应当按照减少资源消耗和废物产生的要求，优先选择采用易回收、易拆解、易降解、无毒无害或者低毒低害的材料和设计方案，并应当符合有关国家标准的强制性要求。

对在拆解和处置过程中可能造成环境污染的电器电子等产品，不得设计使用国家禁止使用的有毒有害物质。禁止在电器电子等产品中使用的有毒有害物质名录，由国务院循环经济发展综合管理部门会同国务院生态环境等有关主管部门制定。

设计产品包装物应当执行产品包装标准，防止过度包装造成资源浪费和环境污染。

第二十条　工业企业应当采用先进或者适用的节水技术、工艺和设备，制定并实施节水计划，加强节水管理，对生产用水进行全过程控制。

工业企业应当加强用水计量管理，配备和使用合格的用水计量器具，建立水耗统计和用水状况分析制度。

新建、改建、扩建建设项目，应当配套建设节水设施。节水设施应当与主体工程同时设计、同时施工、同时投产使用。

国家鼓励和支持沿海地区进行海水淡化和海水直接利用，节约淡水资源。

第二十一条　国家鼓励和支持企业使用高效节油产品。

电力、石油加工、化工、钢铁、有色金属和建材等企业，必须在国家规定的范围和期限内，以洁净煤、石油焦、天然气等清洁能源替代燃料油，停止使用不符合国家规定的燃油发电机组和燃油锅炉。

内燃机和机动车制造企业应当按照国家规定的内燃机和机动车燃油经济性标准，采用节油技术，减少石油产品消耗量。

第二十二条　开采矿产资源，应当统筹规划，制定合理的开发利用方案，采用合理的开采顺序、方法和选矿工艺。采矿许可证颁发机关应当对申请人提交的开发利用方案中的开采回采率、采矿贫化率、选矿回收率、矿山水循环利用率和土地复垦率等指标依法进行审查；审查不合格的，不予颁发采矿许可证。采矿许可证颁发机关应当依法加强对开采矿产资源的监督管理。

矿山企业在开采主要矿种的同时，应当对具有工业价值的共生和伴生矿实行综合开采、合理利用；对必须同时采出而暂时不能利用的矿产以及含有有用组分的尾矿，应当采取保护措施，防止资源损失和生态破坏。

第二十三条　建筑设计、建设、施工等单位应当按照国家有关规定和标准，对其设计、建设、施工的建筑物及构筑物采用节能、节水、节地、节材的技术工艺和小型、轻型、再生产品。有条件的地区，应当充分利用太阳能、地热能、风能等可再生能源。

国家鼓励利用无毒无害的固体废物生产建筑材料，鼓励使用散装水泥，推广使用预拌混凝土和预拌砂浆。

禁止损毁耕地烧砖。在国务院或者省、自治区、直辖市人民政府规定的期限和区域内，禁止生产、销售和使用粘土砖。

第二十四条　县级以上人民政府及其农业等主管部门应当推进土地集约利用，鼓励和支持农业生产者采用节水、节肥、节药的先进种植、养殖和灌溉技术，推动农业机械节能，优先发展生态农业。

在缺水地区，应当调整种植结构，优先发展节水型农业，推进雨水集蓄利用，建设和管护节水灌溉设施，提高用水效率，减少水的蒸发和漏失。

第二十五条　国家机关及使用财政性资金的其他组织应当厉行节约、杜绝浪费，带头使用节能、节水、节地、节材和有利于保护环境的产品、设备和设施，节约使用办公用品。国务院和县级以上地方人民政府管理机关事务工作的机构会同本级人民政府有关部门制定本级国家机关等机构的用能、用水定额指标，财政部门根据该定额指标制定支出标准。

城市人民政府和建筑物的所有者或者使用者，应当采取措施，加强建筑物维护管理，延长建筑物使用寿命。对符合城市规划和工程建设标准，在合理使用寿命内的建筑物，除为了公共利益的需要外，城市人民政府不得决定拆除。

第二十六条　餐饮、娱乐、宾馆等服务性企业，应当采用节能、节水、节材和有利于保护环境的产品，减少使用或者不使用浪费资源、污染环境的产品。

本法施行后新建的餐饮、娱乐、宾馆等服务性企业，应当采用节能、节水、节材和有利于保护环境的技术、设备和设施。

第二十七条　国家鼓励和支持使用再生水。在有条件使用再生水的地区，限制或者禁止将自来水作为城市道路清扫、城市绿化和景观用水使用。

　　第二十八条　国家在保障产品安全和卫生的前提下，限制一次性消费品的生产和销售。具体名录由国务院循环经济发展综合管理部门会同国务院财政、生态环境等有关主管部门制定。

　　对列入前款规定名录中的一次性消费品的生产和销售，由国务院财政、税务和对外贸易等主管部门制定限制性的税收和出口等措施。

　　第四章　再利用和资源化

　　第二十九条　县级以上人民政府应当统筹规划区域经济布局，合理调整产业结构，促进企业在资源综合利用等领域进行合作，实现资源的高效利用和循环使用。

　　各类产业园区应当组织区内企业进行资源综合利用，促进循环经济发展。

　　国家鼓励各类产业园区的企业进行废物交换利用、能量梯级利用、土地集约利用、水的分类利用和循环使用，共同使用基础设施和其他有关设施。

　　新建和改造各类产业园区应当依法进行环境影响评价，并采取生态保护和污染控制措施，确保本区域的环境质量达到规定的标准。

　　第三十条　企业应当按照国家规定，对生产过程中产生的粉煤灰、煤矸石、尾矿、废石、废料、废气等工业废物进行综合利用。

　　第三十一条　企业应当发展串联用水系统和循环用水系统，提高水的重复利用率。

　　企业应当采用先进技术、工艺和设备，对生产过程中产生的废水进行再生利用。

　　第三十二条　企业应当采用先进或者适用的回收技术、工艺和设备，对生产过程中产生的余热、余压等进行综合利用。

　　建设利用余热、余压、煤层气以及煤矸石、煤泥、垃圾等低热值燃料的并网发电项目，应当依照法律和国务院的规定取得行政许可或者报送备案。电网企业应当按照国家规定，与综合利用资源发电的企业签订并网协议，提供上网服务，并全额收购并网发电项目的上网电量。

　　第三十三条　建设单位应当对工程施工中产生的建筑废物进行综合利用；不具备综合利用条件的，应当委托具备条件的生产经营者进行综合利用或者无害化处置。

　　第三十四条　国家鼓励和支持农业生产者和相关企业采用先进或者适用技术，对农作物秸秆、畜禽粪便、农产品加工业副产品、废农用薄膜等进行综合利用，开发利用沼气等生物质能源。

第三十五条　县级以上人民政府及其林业草原主管部门应当积极发展生态林业，鼓励和支持林业生产者和相关企业采用木材节约和代用技术，开展林业废弃物和次小薪材、沙生灌木等综合利用，提高木材综合利用率。

第三十六条　国家支持生产经营者建立产业废物交换信息系统，促进企业交流产业废物信息。

企业对生产过程中产生的废物不具备综合利用条件的，应当提供给具备条件的生产经营者进行综合利用。

第三十七条　国家鼓励和推进废物回收体系建设。

地方人民政府应当按照城乡规划，合理布局废物回收网点和交易市场，支持废物回收企业和其他组织开展废物的收集、储存、运输及信息交流。

废物回收交易市场应当符合国家环境保护、安全和消防等规定。

第三十八条　对废电器电子产品、报废机动车船、废轮胎、废铅酸电池等特定产品进行拆解或者再利用，应当符合有关法律、行政法规的规定。

第三十九条　回收的电器电子产品，经过修复后销售的，必须符合再利用产品标准，并在显著位置标识为再利用产品。

回收的电器电子产品，需要拆解和再生利用的，应当交售给具备条件的拆解企业。

第四十条　国家支持企业开展机动车零部件、工程机械、机床等产品的再制造和轮胎翻新。

销售的再制造产品和翻新产品的质量必须符合国家规定的标准，并在显著位置标识为再制造产品或者翻新产品。

第四十一条　县级以上人民政府应当统筹规划建设城乡生活垃圾分类收集和资源化利用设施，建立和完善分类收集和资源化利用体系，提高生活垃圾资源化率。

县级以上人民政府应当支持企业建设污泥资源化利用和处置设施，提高污泥综合利用水平，防止产生再次污染。

第五章　激励措施

第四十二条　国务院和省、自治区、直辖市人民政府设立发展循环经济的有关专项资金，支持循环经济的科技研究开发、循环经济技术和产品的示范与推广、重大循环经济项目的实施、发展循环经济的信息服务等。具体办法由国务院财政部门会同国务院循环经济发展综合管理等有关主管部门制定。

第四十三条　国务院和省、自治区、直辖市人民政府及其有关部门应当将循环经济重大科技攻关项目的自主创新研究、应用示范和产业化发展列入国家或者省级科技发展规划和高技术产业发展规划，并安排财政性资金予以支持。

利用财政性资金引进循环经济重大技术、装备的，应当制定消化、吸收和创新方案，报有关主管部门审批并由其监督实施；有关主管部门应当根据实际需要建立协调机制，对重大技术、装备的引进和消化、吸收、创新实行统筹协调，并给予资金支持。

第四十四条　国家对促进循环经济发展的产业活动给予税收优惠，并运用税收等措施鼓励进口先进的节能、节水、节材等技术、设备和产品，限制在生产过程中耗能高、污染重的产品的出口。具体办法由国务院财政、税务主管部门制定。

企业使用或者生产列入国家清洁生产、资源综合利用等鼓励名录的技术、工艺、设备或者产品的，按照国家有关规定享受税收优惠。

第四十五条　县级以上人民政府循环经济发展综合管理部门在制定和实施投资计划时，应当将节能、节水、节地、节材、资源综合利用等项目列为重点投资领域。

对符合国家产业政策的节能、节水、节地、节材、资源综合利用等项目，金融机构应当给予优先贷款等信贷支持，并积极提供配套金融服务。

对生产、进口、销售或者使用列入淘汰名录的技术、工艺、设备、材料或者产品的企业，金融机构不得提供任何形式的授信支持。

第四十六条　国家实行有利于资源节约和合理利用的价格政策，引导单位和个人节约和合理使用水、电、气等资源性产品。

国务院和省、自治区、直辖市人民政府的价格主管部门应当按照国家产业政策，对资源高消耗行业中的限制类项目，实行限制性的价格政策。

对利用余热、余压、煤层气以及煤矸石、煤泥、垃圾等低热值燃料的并网发电项目，价格主管部门按照有利于资源综合利用的原则确定其上网电价。

省、自治区、直辖市人民政府可以根据本行政区域经济社会发展状况，实行垃圾排放收费制度。收取的费用专项用于垃圾分类、收集、运输、贮存、利用和处置，不得挪作他用。

国家鼓励通过以旧换新、押金等方式回收废物。

第四十七条　国家实行有利于循环经济发展的政府采购政策。使用财政性资金进行采购的，应当优先采购节能、节水、节材和有利于保护环境的产品及再生产品。

第四十八条　县级以上人民政府及其有关部门应当对在循环经济管理、科学技术研究、产品开发、示范和推广工作中做出显著成绩的单位和个人给予表彰和奖励。

企业事业单位应当对在循环经济发展中做出突出贡献的集体和个人给予表彰和奖励。

第六章　法律责任

第四十九条　县级以上人民政府循环经济发展综合管理部门或者其他有关主管部门发现违反本法的行为或者接到对违法行为的举报后不予查处，或者有其他不依法履行监督管理职责行为的，由本级人民政府或者上一级人民政府有关主管部门责令改正，对直接负责的主管人员和其他直接责任人员依法给予处分。

第五十条　生产、销售列入淘汰名录的产品、设备的，依照《中华人民共和国产品质量法》的规定处罚。

使用列入淘汰名录的技术、工艺、设备、材料的，由县级以上地方人民政府循环经济发展综合管理部门责令停止使用，没收违法使用的设备、材料，并处五万元以上二十万元以下的罚款；情节严重的，由县级以上人民政府循环经济发展综合管理部门提出意见，报请本级人民政府按照国务院规定的权限责令停业或者关闭。

违反本法规定，进口列入淘汰名录的设备、材料或者产品的，由海关责令退运，可以处十万元以上一百万元以下的罚款。进口者不明的，由承运人承担退运责任，或者承担有关处置费用。

第五十一条　违反本法规定，对在拆解或者处置过程中可能造成环境污染的电器电子等产品，设计使用列入国家禁止使用名录的有毒有害物质的，由县级以上地方人民政府市场监督管理部门责令限期改正；逾期不改正的，处二万元以上二十万元以下的罚款；情节严重的，依法吊销营业执照。

第五十二条　违反本法规定，电力、石油加工、化工、钢铁、有色金属和建材等企业未在规定的范围或者期限内停止使用不符合国家规定的燃油发电机组或者燃油锅炉的，由县级以上地方人民政府循环经济发展综合管理部门责令限期改正；逾期不改正的，责令拆除该燃油发电机组或者燃油锅炉，并处五万元以上五十万元以下的罚款。

第五十三条 违反本法规定，矿山企业未达到经依法审查确定的开采回采率、采矿贫化率、选矿回收率、矿山水循环利用率和土地复垦率等指标的，由县级以上人民政府地质矿产主管部门责令限期改正，处五万元以上五十万元以下的罚款；逾期不改正的，由采矿许可证颁发机关依法吊销采矿许可证。

第五十四条 违反本法规定，在国务院或者省、自治区、直辖市人民政府规定禁止生产、销售、使用粘土砖的期限或者区域内生产、销售或者使用粘土砖的，由县级以上地方人民政府指定的部门责令限期改正；有违法所得的，没收违法所得；逾期继续生产、销售的，由地方人民政府市场监督管理部门依法吊销营业执照。

第五十五条 违反本法规定，电网企业拒不收购企业利用余热、余压、煤层气以及煤矸石、煤泥、垃圾等低热值燃料生产的电力的，由国家电力监管机构责令限期改正；造成企业损失的，依法承担赔偿责任。

第五十六条 违反本法规定，有下列行为之一的，由地方人民政府市场监督管理部门责令限期改正，可以处五千元以上五万元以下的罚款；逾期不改正的，依法吊销营业执照；造成损失的，依法承担赔偿责任：

（一）销售没有再利用产品标识的再利用电器电子产品的；

（二）销售没有再制造或者翻新产品标识的再制造或者翻新产品的。

第五十七条 违反本法规定，构成犯罪的，依法追究刑事责任。

第七章 附则

第五十八条 本法自 2009 年 1 月 1 日起施行。

附录 E

珠海格力电器股份有限公司

1. 格力电器介绍

成立于1991年的珠海格力电器股份有限公司，每段征途都回响着蹄疾步稳的铿锵足音。今天的格力电器已发展成为多元化、科技型的全球500强企业集团，拥有80多家全资或控股公司，2020年营业总收入超过1700亿元，产品涵盖空调、生活电器、高端装备、新能源、通信设备等众多领域，远销160多个国家和地区。

2. 格力电器的环保投入

格力始终围绕着"百年企业"的发展目标，秉承创新、挑战、工匠精神，一方面致力于为客户提供更优质的产品与服务，一方面在提高能源效率、推动绿色制造方面做出不懈努力与贡献。格力光伏直驱变频离心机系统集成了太阳能光伏发电、中央空调、发电及用电管理系统，实现了中央空调能源自给自足、不用电费，开创了中央空调的零能耗时代。自主研发的 R290 环保冷媒技术，使空调彻底摆脱了对"氟利昂"的依赖。格力用自主创新的核心科技，为消费者创造更加绿色、低碳、节能的生活。

3. 国家环保法规政策

随着世界经济高速增长，导致了全球性的三大危机：资源短缺、环境污染、生态破坏；如何转变经济发展方式，如何实现经济与环境和谐发展，成为决定人类命运的共同挑战。自党的十八大以来，国家就提出了"大力推进生态文明建设，扭转生态环境恶化趋势"的总体要求；习近平总书记更是做出了"绿水青山就是金山银山"的重要指示。

4. 董总的环保事迹及格力企业社会责任

格力积极响应国家号召，践行"让天空更蓝，大地更绿"的环保理念。作为联合国可持续发展宣传大使，可持续发展委员会首届轮值主席，董明珠董事长在历届人大提案改善中提出："尽快建立家电产品安全使用年限强制性标准"、"淘汰超期服役家电促进消费需求"、"完善城市矿山资源利用立法"、"立法规定家用电器强制性报废标准"等建议。格力一直将企业的社会责任放在核心地位，在与联合国开发计划署就全面淘汰 HCFC 制冷剂签订协议时，董明珠董事长明确表示：格力不仅要考虑到自身企业发展的利益，更重要的是要承担社会责任。

5. 格力再生资源成立

为履行企业社会责任，积极践行生产者责任延伸制度，在董明珠董事长的亲自倡导下，格力绿色再生资源于 2010 年扬帆起航。自此，格力再生资源业务走过了开疆拓土的首个 10 年。

6. 格力再生资源的现状与业绩

格力再生资源以珠海总部为核心，相继在长沙、芜湖、郑州、石家庄、天津建立五大再生资源环保处理基地，总投资超 20 亿元，主要从事废弃电器电子产品（包括废旧冰箱、废旧洗衣机、废旧电视、废旧电脑、废旧空调）、报废汽车、废旧手机等回收及无害化处理；对废旧线路板、废旧塑料等进行深加工资源化利用。目前已建成具有国际先进水平，年拆解处理能力超 1300 万台（套）的废弃电器电子产品拆卸分解生产线 43 条，可实现对废弃电器电子产品中塑料、金属、玻璃等材料的分类、回收和循环利用。

截至 2020 年底，公司已累计处理各类废弃电器电子产品超 3400 万台（套），其中 2020 年拆解量为 702 万套，拆解量在全国 109 家废旧家电拆解企业中排名第二，2020 年上升一位。格力再生业务累计总产值超 68 亿元，已转化再生铜料、铁料、铝料、塑料总计约 50 万 t。据相关估算，再生材料可减少原油、金属矿产资源开采约 130 万 t，节水约 330 万 m^3，减少二氧化碳排放量约 170 万 t，不仅有效地节约了自然资源，减弱温室效应的攀升，而且大幅降低了能耗。

格力绿色再生资源始终秉承格力文化，弘扬工业精神，塑造精品品质；坚持以"践行生产者责任延伸制，建设绿色环保美丽工厂"为宗旨；遵循"绿色设计—绿色制造—绿色回收"的循环发展模式，打造格力从上游生产到下游回收全产业链的最后一环；采用国际先进、成熟、环保的处理技术（选体现冰箱线自动分选、压缩机自动打孔镜头），将回收的电子废弃物集中进行无害化拆解及深度处理，实现资源的循环利用，达到缓解资源紧张、减少污染、保护生态环境的目的。以一流的技术，先进的管理作为新的起点，为"成就格力百年世界品牌"的美好愿景而奋斗！

7. 格力再生资源的其他业务

（1）废旧线路板贵金属回收业务

为提升电子废弃物的利用价值，格力再生资源在废线路板回收处理方面进行了大量的研发与投入，已拥有 9 套实验分析仪器，取得授权发明专利 7 项目。共投入 13 套生产设备，采用全湿法回收工艺，可综合回收 6 种金属。整个过程中所产生的废水、废气分别进行蒸发和净化处理。预计每年处理废旧电脑主板等线路板 4000 余 t，其他含贵金属元器件 400 余 t，预计年产黄金 400 kg，白银 1.1 t，钯粉 30 kg，铜产品 500 t，以及锡、镍等附属产品，年产值可达 1.8 亿元。

（2）废旧塑料再生改性业务

在生产者责任延伸核心思想的指导下，为与生产企业搭建延伸绿色供应链体系，实现家电废旧塑料的再生利用，消除废旧塑料对环境的污染，格力再生已在天津、石家庄、长沙、芜湖基地建立了 13 条成熟的再生塑料造粒生产线，达到年处理再生塑料 4.5 万余吨，年产值约 3.5 亿元。

8. 格力再生资源的技术实力

秉承格力"掌握核心科技"的传统，绿色再生资源在拆解自动化、信息化、精细化等方面不断创新，在研发投入上不设上限，在人才培养上不断努力。

目前已建成稀贵金属回收、报废动力电池、拆解自动化、废橡塑循环利用等实验室，总占地面积超过 5000 m^2，总投资超过 4000 万元。拥有博士学位、高级职称、中级职称等 60 余人的专业研发队伍；荣获科技进步奖 10 余项，发表论文 20 余篇，研发专利 90 余项。参与多项国家与行业标准的制定，以及"863 计划"，"科技部固废资源化专项"等国家重大研发项目，引领行业发展。

9. 格力再生资源打造回收网络

在市场回收渠道建设上，格力再生资源以"同一个市场、同一个服务、同一个客户"为核心指导，充分利用格力电器家电线上线下强大的销售渠道资源，打造再生资源回收行业独有的创新型逆向回收模式，同时保证每一件废旧家电的回收，从进厂到仓储、拆解等每个环节都有严格的管理控制，实现全流程的处理都做到绿色环保，安全可靠。

10. 再生资源业务发展

再生资源以国家需要为导向，以发展循环经济，改善生态环境为目标，积极向报废汽车回收拆解、废旧动力电池回收利用、废轮胎连续热裂解等固废综合利用方向，以及工业环保治理、产业园区第三方环保服务、生活垃圾分类、无废城市等环保方向拓展。

11. 公众环保教育

在强化自身发展的同时，格力再生资源积极履行企业社会责任，致力于绿色生态环保理念的宣传。各再生资源公司作为当地再生资源环保示范教育窗口，设立开放日接待市民参观，协助当地政府共同宣传、普及环保知识，引导公众增强生态意识、环保意识。

12. 企业荣誉

格力再生资源以科技为核心竞争力，以企业社会责任为担当，以全员创新为力量，深耕资源环保领域，打造行业典范，树立绿色环保标杆。各生产基地均通过 ISO 9001 质量管理体系、ISO 14000 环境管理体系、GB/T 18001 职业健康管理体系认证。

13. 筑梦前行

格力一直以来将"改善人类的生存环境"作为企业发展的终极理想，用核心科技实现绿色发展，共同营造绿色生活。

环境就是民生；青山就是美丽；蓝天也是幸福；要像保护眼睛一样，保护生态环境；像对待生命一样，对待生态环境；绿水青山就是金山银山。

格力绿色再生资源，筑起生命的绿色长城。

参考文献

［1］ 陈甲斌，霍文敏，冯丹丹，等. 中国与美欧战略性(关键)矿产资源形势分析 ［J］. 中国国土资源经济，2020（8）：9－17.

［2］ 国务院. 中国制造 2025 ［R/OL］.（2015－05－08）［2020－10－25］. http://www. gov. cn/zhengce/content/2015－05/19/content_9784. htm

［3］ 制造强国战略研究项目组. 制造强国战略研究综合卷 ［M］. 北京：中国质检出版社，中国标准出版社，2016.

［4］ 佚名. 我国查明矿产资源居世界第三位 ［J］. 煤矿开采，2005（2）：32.

［5］ 项安波. 工业化进程中的中国矿产资源战略选择 ［J］. 中国发展评论：2010（3）：65－69，175－181.

［6］ 自然资源部中国地质调查局国际矿业研究中心. 全球矿业发展报告［R/OL］.（2019－10－11）［2020－11－13］. https://xueqiu. com/30070206 54/133899452.

［7］ The US Department of State. Energy resources governance initiative ［R/OL］.（2019－06－11）［2020－11－18］. https://mr. usembassy. gov/energy－resource－governance－initiative/.

［8］ 环境保护部，科技部. 国家环境保护"十三五"科技发展规划纲要 ［C］. 2016.

［9］ ROELICH K, DAVID A, DAWSON, et al. Assessing the dynamic material criticality of infrastructure transitions: a case of low carbon electricity［J］. Applied energy, 2014（123）: 378－386.

［10］ THE AD-HOC WORKING GROUP ON DEFINING CRITICAL RAW MATERIALS. Critical raw materials for the EU［R/OL］.（2010－12－20）［2019－12－28］. https://www. europarl. europa. eu/RegData/etudes/BRIE/2020/659426/EPRS _ BRI（2020）659426 _ EN. pdf 2010.

［11］ US Department of Energy. Critical materials strategy［R］. 2011.

［12］ ERDMANN L, GRAEDEL T. Criticality of non-fuel minerals: a review of major approaches and analyses［J］. Environ Sci Technol, 2011（45）: 7620－7630.

［13］ GRAEDEL T, BARR R, CHANDLER C, et al. Methodology of metal criticality determination［J］. Environ Sci Technol, 2012（46）: 1063－1070.

［14］ SCHRIJVERS D, HOOL A, BLENGINI G A, et al. A review of methods and data to determine raw material criticality [J]. Resources, conservation and recycling, 2020 (155): 104617 – 104634.

[15] BGS. Risk List 2015: an update to the supply risk index for elements or element groups that are of economic value. British geological survey [R/OL]. (2015 – 12 – 28) [2019 – 12 – 13]. https://doi. org/10. 1017/CBO978110 7415324. 004.

[16] BGS. Risk List 2012, British geological survey[R]. 2012.

[17] BGS. Risk List 2011, British geological survey[R]. 2011.

[18] BACH V, FINOGENOVA N, BERGER M, ea al. Enhancing the assessment of critical resource use at the country level with the SCARCE method-case study of Germany [J]. Resources policy, 2017(53):283 – 299.

[19] GRAEDEL T E, NUSS P. Employing considerations of criticality in product design[J]. JOM, 2014(66):2360 – 2366.

[20] GRAEDEL T E , RECK B K. Six years of criticality assessments: what have we learned so far? [J]. J Ind Ecol, 2015(20):692 – 699.

[21] GRIFFIN G, GAUSTAD G, BADAMI K. A Framework for firm-level critical material supply chain management and mitigation[J]. Resour Conserv Recyl, 2019(60): 262 – 276.

[22] European Commission. Report on critical raw materials for the EU, report of the Ad Hoc working group on defining critical raw materials[R]. 2014a.

[23] European Commission. Report on critical raw materials for the EU-critical raw materials profiles[R]. 2014b.

[24] European Commission. Methodology for establishing the EU list of critical raw materials 30 [R]. 2017a.

[25] European Commission. Study on the review of the list of critical raw materials: criticality assessments[R]. 2017b.

[26] European Commission. Communication from the commission to the European parliament, the council, the European economic and social committee and the committee of the regions on the 2017 List of critical raw materials for the EU[R]. 2017c.

[27] European Commission. Study on the review of the list of critical raw materials-critical raw materials factsheets[R]. 2017d.

[28] US Department of Interior. Federal register: draft list of critical minerals. Washington, DC [R]. 2018.

[29] 李宪海, 王丹, 吴尚昆. 我国战略性矿产资源评价指标选择: 基于美国、欧盟等关键矿产名录的思考 [J]. 中国矿业, 2014 (23): 30 – 33.

[30] 张龙, 余敬, 王小琴, 等. 我国主要金属矿产安全评价: 模型与方法 [J]. 国土资源科技管理, 2014 (31): 80 – 89.

［31］ FANG S, YAN W, CAO H,et al. Evaluation on end-of-life LEDs by understanding the criticality and recyclability for metals recycling［J］. J Clean Prod,2018(182)：624－633.

［32］ SONG J, YAN W, CAO H, et al. Material flow analysis on critical raw materials of lithiumion batteries in China［J］. J Clean Prod ,2019(215)：570－581.

［33］ 王昶，宋慧玲，左绿水，等. 中国优势金属供应全球需求的风险评估 ［J］. 自然资源学报, 2018, 33 (7)：1218－1229.

［34］ 国家能源局. 节能与新能源汽车产业发展规划 (2012—2020 年) ［C/OL］. (2012－06－28)［2020－08－27］. http://www. gov. cn/zwgk/2012－07/09/content_2179032. htm.

［35］ International Energy Agency. Technology roadmap：electric and plug-in hybrid vehicle［R］. 2011.

［36］ International Energy Agency. Global EV outlook、understanding the electric vehicle landscape to 2020［R］. 2013.

［37］ International Energy Agency. Technology roadmap：solar photovoltaic energy［R］. 2014.

［38］ International Energy Agency. World energy outlook［R］. 2015.

［39］ International Energy Agency. Clean energy ministerial and electric vehicles initiative［R］. Global ev outlook,2016.

［40］ DARINA T,BLAGOEV A, PATRÍCIA AVES DIAS, et al. Assessment of potential bottlenecks along the materials supply chain for the future deployment of low-carbon energy and transport technologies in the EU［M］. Berlin：springer, 2020.

［41］ Worldwide governance indicators［EB/OL］. (2019－05－12)［2020－12－28］. http://data. worldbank. org/data-catalog/worldwide-governance-indicators.

［42］ 国家统计局. 中国统计年鉴 2019 ［M］. 北京：中国统计出版社, 2020.

［43］ World Bank.2019 GDP (current US $)［Z/OL］. (2019－12－15)［2020－11－21］. https://data. worldbank. org/indicator/NY. GDP. MKTP. CD? view = chart.

［44］ 环保部. 国家重金属污染防治"十二五"规划 ［Z/OL］. (2011－05－11)［2020－11－28］. http://www. doc88. com/p-3817901796823. html 2011.

［45］ 第一次全国污染源普查资料编纂委员会. 工业污染源产排污系数手册 ［M］. 北京：中国环境科学出版社, 2011.

［46］ GRAEDEL T, HARPER E, NASSAR N, et al. Criticality of metals and metalloids ［J］. PNAS, 2015(112)：4257－4262.

［47］ HSU A. Environmental performance index 2016［D］. New Haven：Yale University,2019.

［48］ USGS. Mineral Commodity Summaries［EB/OL］. (2019－05－21)［2020－09－27］. https://www. usgs. gov/centers/nmic/mineral-commodity-summaries.

［49］ 陈芳芳，张亦飞，薛光. 黄金冶炼污染治理与废物资源化利用 ［J］. 黄金科学技术, 2011 (2)：67－73.

[50] 张曼曼，冯占立，王军强，等. 黄金湿法冶炼含氰废水处理研究进展 [J]. 化学工业与工程，2019, 36 (1)：2 - 9.

[51] 王旭. 黄金冶炼污染治理与废物资源化利用 [J]. 冶金与材料，2019 (4)：67 - 73.

[52] 冯新斌，仇广乐，付学吾，等. 环境汞污染 [J]. 化学进展，2009, 21 (2)：436 - 457.

[53] 高兰兰，戴刚. 汞污染现状和研究进展 [J]. 环境与发展，2017 (7)：142 - 143.

[54] 杨守志. 钒冶金 [M]. 北京：冶金工业出版社，2010.

[55] 郭昕，王玲，郑康豪，等. 钒渣提钒工艺及研究进展 [J]. 中国矿业，2016, 25 (1)：435 - 437, 443.

[56] LIU B, DU H, WANG S N, et al. A novel method to extract vanadium and chromium from vanadium slag using molten NaOH-NaNO$_3$ binary system[J]. Aiche journal, 2013, 59(2)：541 - 552.

[57] 马升峰. 白云鄂博稀选尾矿中钪的提取工艺研究 [D]. 呼和浩特：内蒙古大学，2012.

[58] 张懿，等. 亚熔盐清洁生产技术与资源高效利用 [M]. 北京：化学工业出版社，2016.

[59] 2017 年中国石墨产量、消费量及进出量分析 [Z/OL]. (2017 - 07 - 26)[2020 - 12 - 23]. http://www. chyxx. com/industry/201707/544446. html.

[60] 2017 年中国铝行业消费量及发展趋势分析 [Z/OL]. (2017 - 04 - 17)[2020 - 11 - 25]. http://www. chyxx. com/industry/201704/515454. html.

[61] 2018 年中国硫磺产量、进出口及价格走势分析 [Z/OL]. (2018 - 06 - 11)[2020 - 12 - 25]. http://www. chyxx. com/industry/201806/648536. html.

[62] 林河成. 中国金属钪材料的发展现状及其前景 [J]. 中国有色冶金，2010, 39 (2)：34 - 38.

[63] 攀钢集团钒钛股份有限公司. 2020 钒钛价格预测 [Z/OL]. (2020 - 01 - 15)[2020 - 12 - 24]. http://sdjhq. cn/GqHsVJqRQ/wwtqqi/.

[64] 刘璇，陈其慎，张艳飞，等. 中国铬需求预测及资源供应安全态势分析 [J]. 资源科学，2015, 37 (5)：933 - 943.

[65] 2017 年我国镍矿产量及产能分析 [Z/OL]. (2018 - 06 - 28)[2020 - 11 - 29]. http://www. chyxx. com/industry/201806/653844. html.

[66] 2017 年中国铜储量、铜开采量、铜产量、铜消费量及铜消费结构分析 [Z/OL]. (2017 - 05 - 11)[2020 - 12 - 24]. http://futures. eastmoney. com/a/202001111354186014. html.

[67] 中国铅锌工业未来发展趋势 [EB/OL]. (2019 - 05 - 29)[2020 - 10 - 27]. https://www. metalsinfo. com/news/display_pid_9 - cid_16 - news_id_215597. html.

[68] 2019 年中国高纯砷投资价值分析报告及市场发展预测报告 [R/OL]. (2020 - 01 -

24）［2020 – 12 – 21］. https：//wenku. baidu. com/view/ac135d757275a417866fb84ae45c
3b3567ecdd2f. html.

［69］硒行业市场需求及竞争情况分析［Z/OL］.（2014 – 04 – 01）［2020 – 11 – 29］. https：//
www. chyxx. com/industry/201404/235675. html.

［70］2019 年全球及中国钼行业产能分布及市场需求情况分析［Z/OL］.（2020 – 01 – 09）. ht-
tps：//www. chyxx. com/industry/202001/827090. html.

［71］柴璐，鲍庆中，周永恒，等. 东北亚地区贵金属资源与供需现状［J］. 矿产保护与
利用，2017（3）：112 – 118.

［72］2017 年我国镉产量与消费趋势［Z/OL］.（2018 – 09 – 10）［2020 – 11 – 24］. http：//
www. chyxx. com/industry/201809/674908. html.

［73］我国钢资源需求的未来展望［Z/OL］.（2019 – 03 – 15）［2020 – 12 – 17］. https：//
www. nengapp. com/news/detail/2433248.

［74］2019 年世界及分国别精炼锡消费量［Z/OL］.（2020 – 01 – 15）［2020 – 12 – 15］. http：//
www. cbcie. com/data/819107. html.

［75］中国未来锑资源需求预测［Z/OL］.（2017 – 05 – 20）［2020 – 11 – 28］. http：//toutiao.
manqian. cn/wz_XNkjShVix. html.

［76］2018—2019 年全球及中国钨矿生产、消费分析［Z/OL］.（2019 – 09 – 29）［2020 – 11 –
28］. http：//www. chyxx. com/industry/201909/788599. html.

［77］全球 16 种战略性矿产资源形势［Z/OL］.（2016 – 07 – 13）［2020 – 12 – 24］. http：//www.
360doc. com/content/16/0730/08/7522678_579482240. shtml.

［78］邹愉，史登峰，曾凌云. 新形势下我国汞矿资源开发及管理对策［J］. 中国矿业，
2017，26（3）：6 – 8，14.

［79］龙涛，陈其慎，于汶加，等. 中国铋供需形势分析及对策建议［J］. 中国矿业，
2016，25（5）：11 – 15.

［80］GRAEDEL T E，ALLWOOD J，BIRAT J P，et al. What do we know about metal recycling
rates? ［J］. Journal of industrial ecology，2012，3（15）：355 – 366.

［81］USGS. Mineral commodity summaries［EB/OL］.（2020 – 03 – 25）［2020 – 11 – 23］. https：//
pubs. er. usgs. gov/publication/mcs2020 2020.

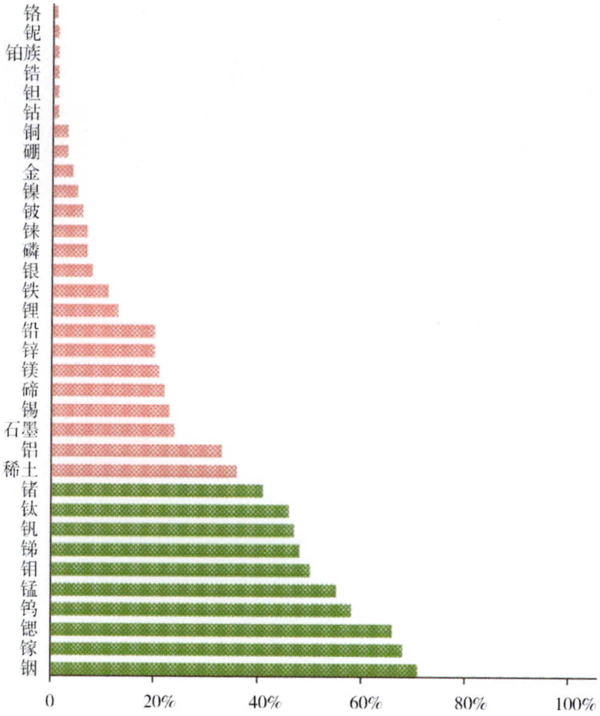

铬
铌
铂族
锆
钽
钴
铜
硼
金
镍
铍
铼
磷
银
铁
锂
铅
锌
镁
碲
锡
石墨
铝土
稀土
锗
钛
钒
锑
钼
锰
钨
锶
镓
铟

0   20%   40%   60%   80%   100%

图1.1 中国金属资源矿产储量在世界总储量的占比

（数据来源：中国地质调查局）

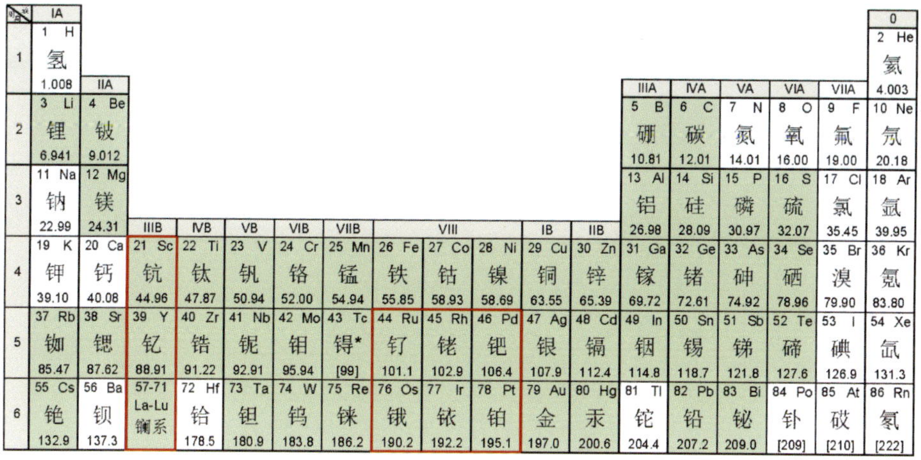

	IA																	0
1	1 H 氢 1.008	IIA											IIIA	IVA	VA	VIA	VIIA	2 He 氦 4.003
2	3 Li 锂 6.941	4 Be 铍 9.012											5 B 硼 10.81	6 C 碳 12.01	7 N 氮 14.01	8 O 氧 16.00	9 F 氟 19.00	10 Ne 氖 20.18
3	11 Na 钠 22.99	12 Mg 镁 24.31	IIIB	IVB	VB	VIB	VIIB		VIII		IB	IIB	13 Al 铝 26.98	14 Si 硅 28.09	15 P 磷 30.97	16 S 硫 32.07	17 Cl 氯 35.45	18 Ar 氩 39.95
4	19 K 钾 39.10	20 Ca 钙 40.08	21 Sc 钪 44.96	22 Ti 钛 47.87	23 V 钒 50.94	24 Cr 铬 52.00	25 Mn 锰 54.94	26 Fe 铁 55.85	27 Co 钴 58.93	28 Ni 镍 58.69	29 Cu 铜 63.55	30 Zn 锌 65.39	31 Ga 镓 69.72	32 Ge 锗 72.61	33 As 砷 74.92	34 Se 硒 78.96	35 Br 溴 79.90	36 Kr 氪 83.80
5	37 Rb 铷 85.47	38 Sr 锶 87.62	39 Y 钇 88.91	40 Zr 锆 91.22	41 Nb 铌 92.91	42 Mo 钼 95.94	43 Tc 锝* [99]	44 Ru 钌 101.1	45 Rh 铑 102.9	46 Pd 钯 106.4	47 Ag 银 107.9	48 Cd 镉 112.4	49 In 铟 114.8	50 Sn 锡 118.7	51 Sb 锑 121.8	52 Te 碲 127.6	53 I 碘 126.9	54 Xe 氙 131.3
6	55 Cs 铯 132.9	56 Ba 钡 137.3	57-71 La-Lu 镧系	72 Hf 铪 178.5	73 Ta 钽 180.9	74 W 钨 183.8	75 Re 铼 186.2	76 Os 锇 190.2	77 Ir 铱 192.2	78 Pt 铂 195.1	79 Au 金 197.0	80 Hg 汞 200.6	81 Tl 铊 204.4	82 Pb 铅 207.2	83 Bi 铋 209.0	84 Po 钋 [209]	85 At 砹 [210]	86 Rn 氡 [222]

图2.1 评价涵盖元素在周期表中的分布

注：图中绿色部分为本报告中的评价涵盖元素。

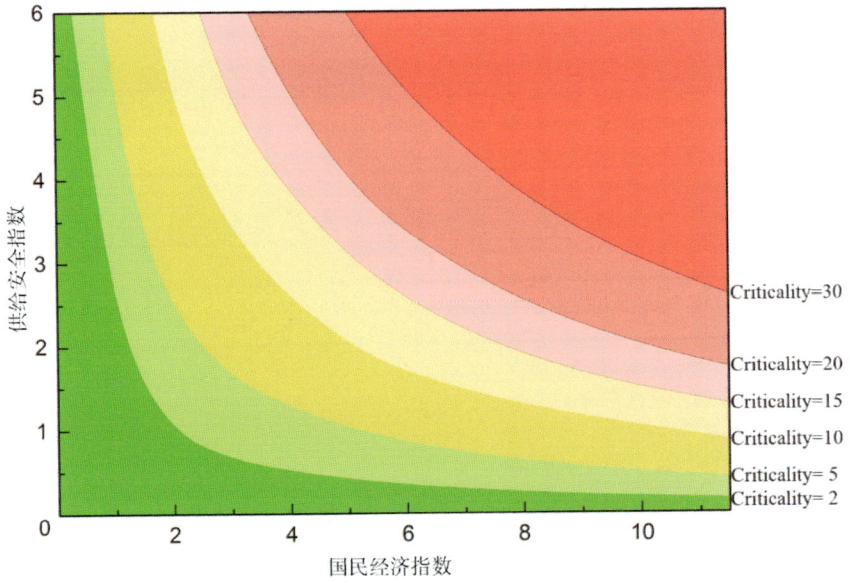

图 2.4　金属资源关键性二维可视化

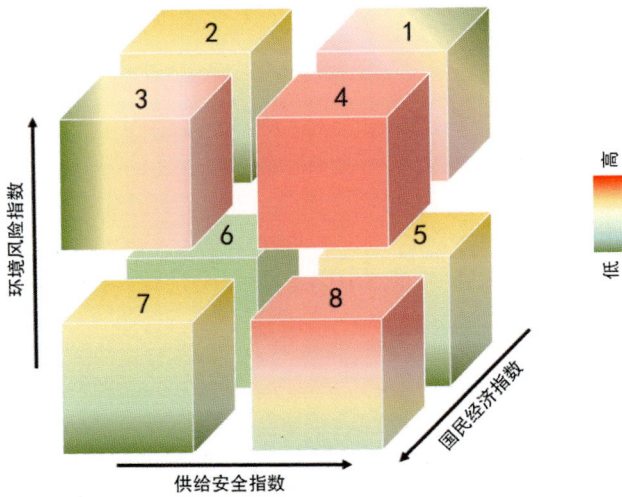

图 2.5　金属资源关键性三维可视化

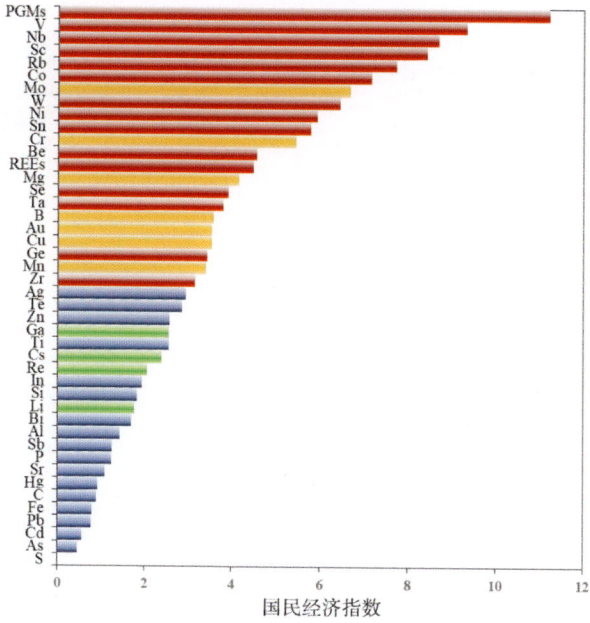

图 3.1　金属资源国民经济指数

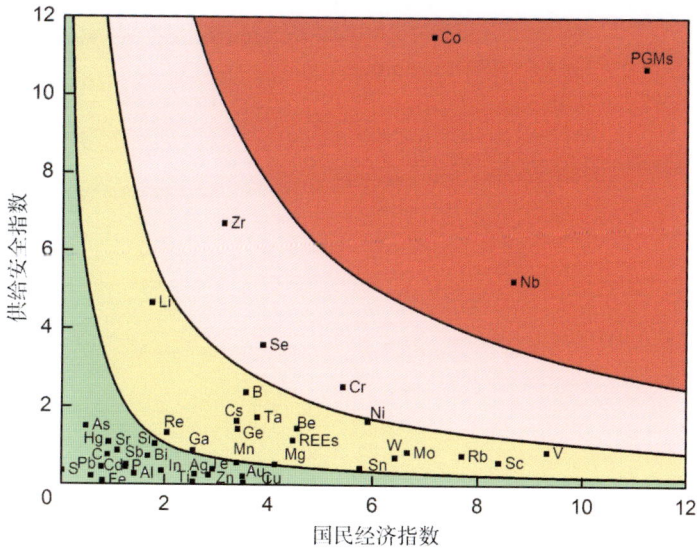

图 3.2　我国金属资源的二维关键性

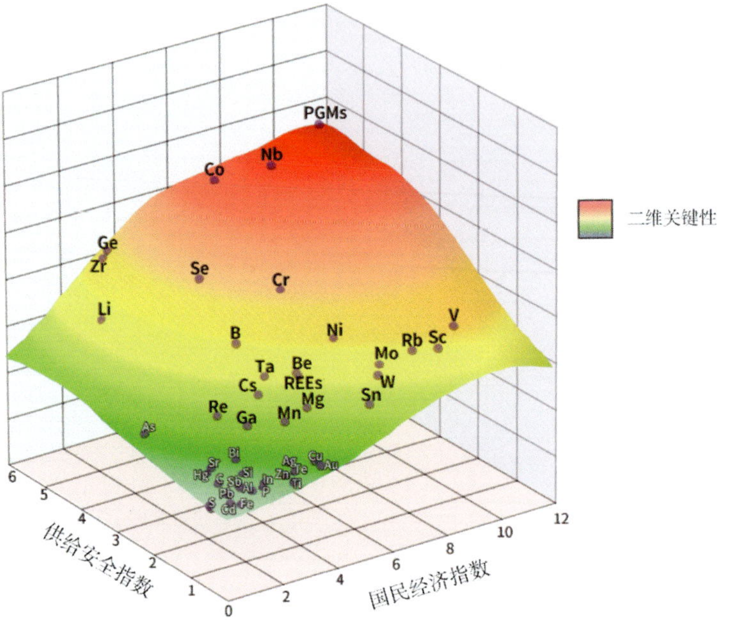

图 3.3 我国金属资源二维关键性的三维立体图

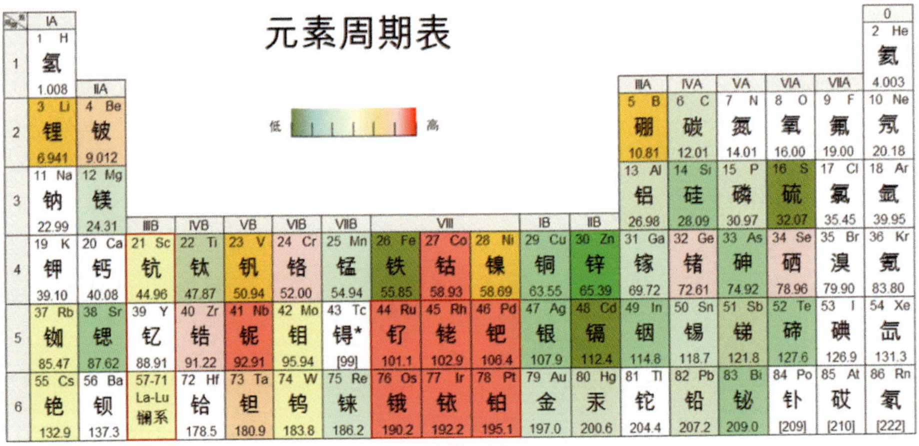

图 3.5 金属资源关键性在元素周期表中的色阶分布

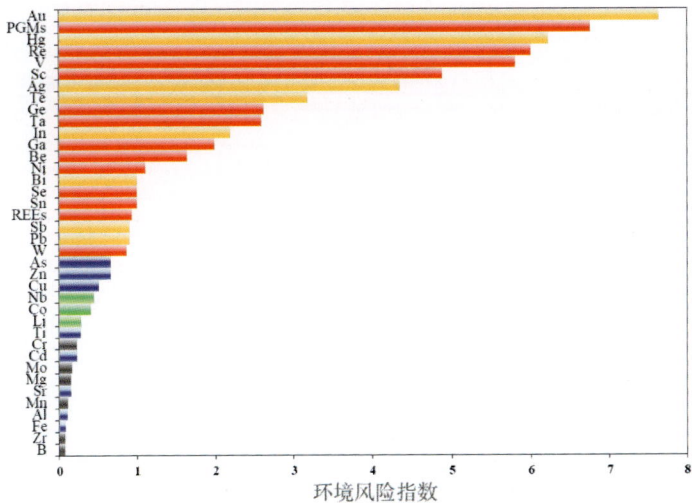

图 3.6 金属资源的环境风险指数

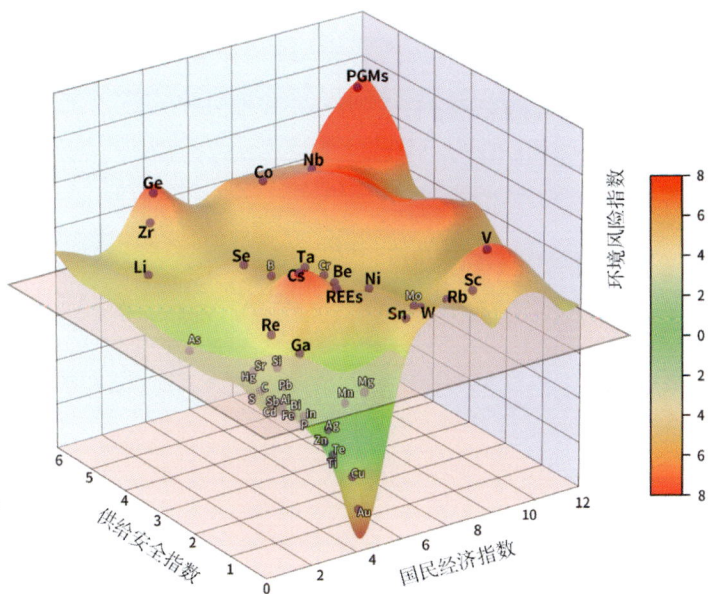

图 3.7 我国金属资源的三维关键性分析

表 3.1　金属资源的供给安全指数

金属资源	进口依赖性（TR）	可替代性参数（SI）	HHI	供给安全指数（SS）
PGMs	18.60	0.86	1.68	11.10
Co	10.00	0.78	0.99	11.00
Zr	8.00	0.73	0.97	6.70
Nb	10.00	0.70	1.50	5.25
Li	4.30	0.77	1.63	4.66
Se	7.00	0.71	0.72	3.58
Cr	5.00	1.00	0.70	2.52
As	2.60	0.65	1.43	2.45
B	3.50	0.50	1.35	2.365
Ta	6.10	0.75	0.54	1.73
Ni	10.10	0.71	0.40	1.64
Cs	7.00	0.99	1.57	1.63
Be	1.10	0.83	2.00	1.45
Ge	2.50	0.80	1.16	1.43
Re	2.00	0.90	1.48	1.33
REEs	0.98	0.95	1.22	1.14
Sr	1.20	0.79	0.87	1.13
Hg	0.70	0.80	2.07	1.09
Si	0.72	0.80	1.16	1.05
Ga	0.50	0.63	2.53	0.87
V	1.20	0.70	1.01	0.85
Mo	1.50	1.00	0.81	0.84
C	0.90	0.75	1.15	0.76
Rb	1.10	0.69	1.05	0.76
Bi	0.50	0.92	1.53	0.73
W	0.70	0.70	1.84	0.70
Sc	0.60	0.83	1.15	0.59
Mn	1.80	1.00	0.48	0.56
Mg	0.50	0.94	1.82	0.52
Sb	0.70	0.62	1.16	0.50
P	0.70	0.98	0.62	0.44
Pb	2.50	0.97	0.68	0.44
Sn	1.20	0.82	0.55	0.43
Ag	2.30	0.72	0.32	0.39
S	1.30	0.97	0.28	0.35
In	0.60	0.69	0.90	0.35
Al	1.00	0.56	0.89	0.27
Zn	1.20	0.68	0.42	0.26

金属资源	进口依赖性（TR）	可替代性参数（SI）	HHI	供给安全指数（SS）
Te	0.50	0.41	1.15	0.24
Cu	1.40	0.55	0.42	0.21
Cd	0.90	0.52	0.52	0.21
Fe	0.90	0.95	0.86	0.09
Au	3.00	0.79	0.17	0.05
Ti	1.80	0.46	0.85	0.04

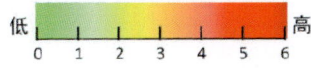

低   高

0　1　2　3　4　5　6